SMILIS

DRAME

EN QUATRE ACTES, EN PROSE

Représenté pour la première fois, à Paris, à la COMÉDIE-FRANÇAISE.
le 23 janvier 1884.

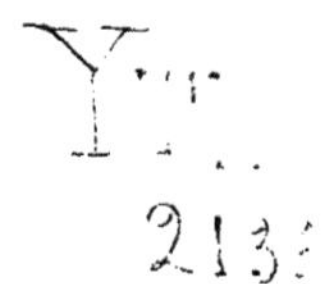

DU MÊME AUTEUR

POÈMES DE PROVENCE, ouvrage couronné par l'ACADÉMIE FRANÇAISE.

LA CHANSON DE L'ENFANT, ouvrage couronné par l'ACADÉMIE FRANÇAISE, illustré par Lobrichon et Rudaux.

MIETTE ET NORÉ, ouvrage couronné par l'ACADÉMIE FRANÇAISE.

OTHELLO, drame en cinq actes en vers, (dont un acte a été représenté à la Comédie-Française.)

AU CLAIR DE LA LUNE, comédie en un acte en vers.

PYGMALION, poème dramatique en un acte.

MASCARILLE, à propos en vers (Comédie-Française).

MOLIÈRE A SHAKESPEARE, à propos en vers (Comédie-Française).

LA COMÉDIE FRANÇAISE A ALEXANDRE DUMAS, à-propos en vers.

VISITE EN HOLLANDE, un vol. in-18.

LA VÉNUS DE MILO, un vol. in-18.

LAMARTINE, poème couronné par l'ACADÉMIE FRANÇAISE.

IMPRIMERIE GÉNÉRALE DE CHATILLON-SUR-SEINE. — A. PICHAT.

SMILIS

DRAME

EN QUATRE ACTES, EN PROSE

PAR

JEAN AICARD

PARIS
PAUL OLLENDORFF, ÉDITEUR
28 *bis*, RUE DE RICHELIEU, 28 *bis*

1884

Il a été tiré à part dix exemplaires numérotés à la presse, sur papier vergé de Hollande.

A

ÉMILE AUGIER

Maître et ami,

Ce drame de Smilis *présenté et joué à la Comédie-Française, voilà le service sans prix que le poète vous doit.*

L'homme vous doit davantage. A l'heure où je m'attristais, vous m'avez rendu la confiance en moi-même et dans la bonté de la vie.

Cela fait qu'au lieu de reconnaissance, je n'ai pour vous qu'une tendre affection.

Paris, 22 janvier 1884.

JEAN AICARD.

PERSONNAGES

L'AMIRAL KERGUEN	M. FEBVRE.
SMILIS, fille adoptive de l'amiral.	Mlle REICHENBERG.
MARTIN, vieux second-maître au service de l'amiral.	M. GOT.
LE COMMANDANT RICHARD, capitaine de vaisseau.	M. LAROCHE.
GEORGES RICHARD, neveu du précédent.	M. WORMS.
MADAME NERVAL.	Mme ÉDILE RIQUER.
MADAME DE NANCEY.	Mlle FAYOLLE.
MADAME D'ORIGNY.	Mlle FRÉMAUX.
M. ALBERT NERVAL.	M. FRÉMAUX.
UN CAPITAINE DE VAISSEAU.	M. HAMEL.

PLUSIEURS OFFICIERS DE MARINE, DIVERS INVITÉS, HOMMES ET FEMMES.

La scène se passe de nos jours. Au premier et au deuxième acte, dans un salon chez l'amiral, à Paris. Au troisième, dans un salon de la préfecture maritime à Toulon. Au quatrième, sur une terrasse au bord de la mer, à Sainte-Marguerite, près de Toulon.

La musique de la chanson du troisième acte et de la berceuse du quatrième est due à M. HENRI MARÉCHAL (Choudens, édit.)

S'adresser, pour la mise en scène détaillée et les plans du décor, à M. LÉAUTAUD, au Théâtre-Français.

SMILIS

ACTE PREMIER

La scène est à Paris, chez l'amiral Kerguen. — Le théâtre représente un petit salon dans le goût oriental ; trophées d'armes étrangères ; souvenirs maritimes. A gauche, un canapé ; sur une console, un modèle de bateau à voiles dans sa caisse de verre ; à droite, une table, des sièges, un divan.

Au fond, trois grandes baies, dont les portières sont relevées, laissant voir des vestibules et un salon.

SCÈNE PREMIÈRE

RICHARD, en petite tenue de capitaine de vaisseau, MARTIN, en petite tenue de second maître.

RICHARD.

... Comment ! il a du monde à sa table ! et il attend du monde ? A cette heure-ci ?

MARTIN.

Oui, ils appellent ça une matinée !

RICHARD.

C'est que je ne suis pas en tenue, moi.

MARTIN.

Au contraire, commandant...

RICHARD.

Oui, c'est juste, l'uniforme est toujours partout bien reçu.

MARTIN.

Laissez-moi le prévenir, commandant.

RICHARD.

Non, non, reste. J'entends surtout ne déranger personne! Reste donc là. Après quinze ans, je saurai attendre un quart d'heure!... Oui, mon vieux Martin, il y a quinze ans que je n'avais revu la France!... Je débarque... A peine avais-je le pied sur le quai de Toulon, qu'on me présente un jeune officier... M. Georges Richard... C'était mon neveu!...

MARTIN.

Ah! Votre neveu!...

RICHARD.

J'arrivais des colonies, lui de Taïti... J'avais laissé un aspirant : je retrouve un lieutenant de vaisseau. Nous causons... nous nous sommes plu, et, dans deux jours, il viendra me rejoindre à Paris, où je ne suis arrivé, moi, que de cette nuit... Et voilà la vie du marin!... Tiens, il y a une demi-heure, une question de service me retenait encore au ministère, et bien que je n'aie pas vu l'amiral depuis quinze ans, bien que je meure d'envie de l'embrasser, je n'ai pas pu venir une minute plus tôt... Déjà quinze ans, mon pauvre Martin!

MARTIN.

Quinze et deux, dix-sept!

RICHARD.

Qu'est-ce que c'est?

MARTIN.

L'âge de Smilis.

RICHARD.

Smilis?

MARTIN.

Oui, de mademoiselle Louise! Mais, voyez-vous, entre nous, nous l'appelons Smilis; c'est une habitude; nous ne pourrions pas nous en défaire: on ne se défait pas comme ça d'une habitude quand on veut... Et puis, moi, d'abord, je ne voudrais pas: ce nom me rappelle tout.

RICHARD.

Quoi, tout?

MARTIN.

C'est juste, vous ne savez rien.

RICHARD.

Je sais depuis longtemps que mon ami Kerguen s'est fait le père d'adoption d'une orpheline, après la mort de sa femme. Il a trouvé cette enfant en Grèce, je crois, dans une île de l'Archipel, que venaient de ravager les Turcs. Sur les ruines d'une maison incendiée, il l'a trouvée pleurante, et l'a prise pour l'amener en France. Est-ce cela?

MARTIN.

A peu près... D'abord, elle ne pleurait pas, voyez-vous.

RICHARD.

Détail essentiel, en effet!

MARTIN.

J'étais là, près du commandant... Nous passions avec un détachement... Nous vîmes cette petite, assise sur des pierres brûlées. Elle attendait que ses parents vinssent la chercher. Ceux-là, ils étaient morts ou enlevés. Elle attendait, la pauvre, en regardant un lézard qui courait par là, ou une mouche qui passait. Et quand elle nous vit approcher, elle se mit à crier: « Smilis! Smilis! » de toutes ses forces ; mais elle restait immobile et nous regardait avec des yeux comme ça.

RICHARD.

Tu crois la voir encore!

MARTIN.

Elle avait une petite calotte d'or sur la tête, et, à peine habillée, — en chemise, quoi ! — elle montrait sa petite poitrine, ses bras, ses jambes presque nus, et « Smilis ! Smilis! », voilà comme elle criait, et à tout ce qu'on lui disait ne répondait pas autre chose. Vous comprenez, elle ne savait que le grec!

RICHARD.

Naturellement!... Elle commençait le grec.

MARTIN.

Et quand nous approchâmes, — alors, elle eut peur! et c'est alors qu'elle pleura.

RICHARD.

Ah! bon!...

MARTIN.

Nous l'emportâmes. Le commandant la tenait dans ses bras. Nous étions tout le détachement qui suivait. Il avait laissé en France, peu de temps après son mariage, sa jeune femme tout près d'être mère, et il espérait trouver à son retour un petit frère ou une petite sœur pour l'enfant du bon Dieu.

RICHARD.

Oui, oui, je me souviens.

MARTIN.

Et il parlait à la petite, il lui disait : « Ne pleure pas ! ne pleure pas! Nous trouverons, en arrivant en France, un petit frère ou une petite sœur! »... Et de voir notre commandant si sévère, et même dur dans le service, parler de la sorte, ça nous remuait les entrailles. A bord, on mit l'enfant dans un hamac, quand elle eut assez pleuré...

RICHARD.

Elle s'endormit?

MARTIN.

Elle s'endormit... Et à son retour en France, le commandant ne fit qu'un saut du bateau chez lui. Je le suivais, avec l'enfant sur mes bras... Ah ! le pauvre homme! il arriva que sa femme était morte, et que son propre enfant, une fille, presque en même temps, était morte. Voilà.

RICHARD.

Il y a dans la vie des heures terribles.

MARTIN.

L'heure terrible, ça fut le soir de ce jour-là, lorsque je mis la petite dans le berceau préparé pour l'autre, et qu'elle répéta les premiers mots de français qu'elle eût appris : « Bonne nuit, mon père! » Je le regardai ; je vis que son cœur éclatait; les larmes lui sortirent des yeux, — et il s'appuya sur mon épaule!

RICHARD.

Mon pauvre Kerguen!

MARTIN.

Alors, il se mit à aimer sa petite Smilis, qui eut d'amour une double ration, — sans parler de la mienne, — et ça a duré toujours comme ça. Elle nous a suivis partout, dans tous nos voyages. Elle n'a jamais couché dans un lit, toujours dans un hamac. Ici même, aujourd'hui, elle en a un si joli, en soie, tout bleu et blanc, un vrai berceau de fille d'amiral!... Voyez-vous, tant qu'elle couche là, elle nous semble encore toute petite, et ça nous fait plaisir. En s'endormant, elle peut se donner du roulis comme à bord d'un bateau, et ça lui plaît .. Et pour moi, je n'ai jamais pu entendre réciter les litanies de la bonne Vierge Marie, sans penser que c'est elle, Smilis, notre petite étoile de la mer.

RICHARD.

Ainsi, elle a dix-sept ans?

MARTIN.

Je le pense, nous le croyons. Selon toute apparence, elle a dix-sept ans. C'est dommage.

RICHARD.

Pourquoi dommage? Ça te vieillit, mon pauvre Martin?

MARTIN.

Oh! moi, monsieur, ça me serait égal; je porte gaillardement ma soixantaine, et je suis comme l'amiral, solide à la barre. Savez-vous qu'il navigue vers les cinquante-deux, lui? Comptez plutôt. J'étais au service, qu'il avait onze ans; nous étions à Brest. Son père, qui nous commandait, — car il a chassé de race, l'homme! — l'avait amené à bord; il jouait avec les matelots; on vous l'avait habillé, par amusement, en matelot, oui, avec la veste, le tricot rayé, la cravate lâche, le chapeau luisant, même le petit couteau suspendu par l'anneau à la ceinture... Et ça me faisait suer! ça me mettait en colère!

RICHARD.

En colère, Martin? Pourquoi?

MARTIN.

Ça me semblait une moquerie pour les vrais matelots, qui ne sont pas toujours heureux!... Et puis, je n'avais pas le cœur à rire: j'avais le mal du pays; je pensais à mon village, un fameux petit port, plein de bateaux, les jours de mistral...

RICHARD.

Comment s'appelle-t-il, ton village?

MARTIN.

La Ciotat, là-bas, en Provence... Mais, que disais-je?... Ah! oui, qu'il venait jouer, le gamin, avec les matelots; ça leur plaisait, mais moi, n'ayant pas le cœur à la gaîté, un beau jour, je vous l'envoyai crânement au diable! Eh bien!

lel endemain, après ça, il s'en vint et me dit de sa voix clairette : « Matelot, huit jours de congé! Va-t'en voir ta maman, et, quand tu reviendras, tâche, matelot, d'avoir meilleur courage! » Et sacré nom d'un!... Bref...

RICHARD.

Je reconnais son cœur! Il a gardé ce cœur-là!

MARTIN.

Bref, il n'avait pas trouvé ça tout seul, mais voici : il avait raconté au père comment je l'avais reçu avec ma politesse; et son brave homme de père lui avait expliqué que j'étais neuf dans le métier, triste d'avoir quitté mon endroit. Alors, l'enfant avait dit : « Renvoie-le donc à sa maison! » Et le père lui avait appris ces quatre paroles : « Matelot, huit jours de congé; va-t'en voir ta maman; et quand tu reviendras, tâche, matelot, d'avoir meilleur courage! » Et voilà pourquoi l'amiral me ferait « faire l'arbre droit, » comme on dit chez nous!

RICHARD.

La petite aussi, parbleu?

MARTIN.

Au fond, je ne sais pas lequel des deux m'en ferait faire davantage. Après ça, on n'a pas besoin de savoir. Et lui, donc, si vous croyez qu'il commande avec elle! Ah bien, oui! il n'y a pas d'amiral qui tienne!... Il y a des fois où ça me fait l'effet que nous ressemblons à nos deux gros chiens de terre-neuve. C'est fort comme des loups, ces animaux-là, et quand la petite maîtresse leur dit : « A l'eau! » ça se jette net à la mer, pour rapporter quoi?... des baguettes de cerceau! Et à quelles fins, je vous le demande? — Pour une tape sur le museau! (Voyant que Richard s'assied.) Est-ce que je vous ennuie?

RICHARD.

Je te l'aurais dit : — mais tu parles bien et tu m'intéresses. Et tu peux continuer, si ton service ne t'appelle pas ailleurs.

MARTIN, avec importance.

Oh! depuis longtemps, mon service a bien changé de figure; et malgré ma tenue (une vieille habitude, dont je ne veux pas me défaire!) il n'y a plus ici de matelot ni de second-maître depuis longtemps.

RICHARD.

Et de quel service as-tu été chargé, Martin?

MARTIN.

De l'éducation de Smilis.

RICHARD.

Est-ce qu'elle n'est pas achevée?

MARTIN.

A peu près!... Je ne m'en suis pas occupé seul.

RICHARD.

Je le pense!

MARTIN.

L'amiral lui a donné d'autres maîtres, et de toutes sortes. Elle danse, elle dessine, elle musique! Ça fait tout bien! Une sorcière du bon Dieu!... Dire que ça a été commode, l'éducation, non. Songez donc!... Deux hommes!

RICHARD.

Vous aviez quelque embarras?

MARTIN.

Nous avions quelque embarras! Nous disions quelquefois: « Il faudrait une femme », mais nous nous en sommes passés!... Que de soucis, pour cette petite!... Nous avions surtout peur, dans les commencements, de lui donner des airs de petit garçon, de trop l'habituer à la vie de marin pour une fille; mais nous avions compté sans le diable! Le diable, c'est elle, qui a changé la question. Au lieu que nous l'ayons élevée trop rude, elle nous a adoucis. Moi, d'abord, je n'ai plus osé jurer comme il m'arrivait. L'amiral a dit un jour : « La fumée l'ennuie, elle tousse quand on fume. » Alors, adieu le tabac!... Sans compter qu'il aimait l'alchimie...

RICHARD.

La chimie, Martin.

MARTIN.

Eh bien! oui, l'alchimie. Pour s'occuper de l'enfant, il a laissé tout ça... A bord, les plus mauvais garnements pouvaient se raconter entre eux des farces un peu fortes... Si on voyait le petit ange du bateau approcher, va te promener ! le silence prenait tous les mal embouchés comme un enchantement, et les grosses voix se faisaient douces pour la petite demoiselle :... « Veut-elle ci ou ça? » Et quand je vous dis que nous avons fait son éducation... Ah! ah! ah! c'est peut-être elle qui a fait la nôtre!... Oh! la canaille !

RICHARD, se levant.

Et vous allez songer, sans doute, à la marier bientôt?

MARTIN.

La marier?... Ah ! ça ne me regarde pas... Je vais le prévenir. (Il s'éloigne, puis revient d'un air soupçonneux.) Alors vous avez retrouvé votre neveu enseigne de vaisseau?

RICHARD.

Lieutenant, s'il vous plaît, maître Martin, depuis deux mois.

MARTIN.

Ah! il est lieutenant? Je ne le connais pas.

RICHARD.

Je viens de passer un mois avec lui à Toulon ; il est charmant.

MARTIN.

Tant pis!

RICHARD.

Comment! tant pis?

MARTIN.

J'ai voulu dire: tant mieux! (A part.) Voilà, ou je ne suis qu'un âne, l'oncle d'un épouseur... Nous verrons bien.

Il sort.

SCÈNE II

RICHARD, seul.

Ou je ne suis qu'un sot, ou la jeune reine du logis a pour père et mère deux rudes attendris, qui ne sont pas impatients de la marier!

SCÈNE III

RICHARD, L'AMIRAL.

RICHARD.

Kerguen!...

L'AMIRAL.

Richard!

Ils tombent dans les bras l'un de l'autre.

RICHARD.

J'avais dit qu'on ne te dérangeât point.

L'AMIRAL.

Après quinze ans d'absence tu ferais antichambre!... chez moi! Martin a compris comme j'en aurais été fâché.

RICHARD.

Tu ne m'as donc pas oublié?

L'AMIRAL.

Voilà une question que je ne t'ai pas adressée, moi, mon bon Richard!

RICHARD.

Tu as raison, on ne peut pas oublier le seul ami de la jeunesse, le premier compagnon d'études et de voyages, le frère d'armes des premiers combats.

L'AMIRAL.

Nous avons eu vingt ans ensemble, et, vois-tu, les amitiés nées dans l'âge mûr peuvent être aussi sûres : elles n'ont pas, comme la nôtre, le pouvoir magique d'évoquer tout entière la jeunesse!

RICHARD.

Te voilà, et j'ai quarante ans de moins.

L'AMIRAL.

Je recommence la vie ; nous sommes des écoliers, puisque te voilà! Nous ne nous sommes jamais quittés, nous n'avons pas souffert, nous allons faire de beaux projets d'avenir, puisque te voilà, toi, avec qui hier je jouais aux barres!

Ils s'asseyent sur le canapé à gauche.

RICHARD.

Ah! mon vieux Kerguen!

L'AMIRAL.

Ah! mon vieux Richard! Je te vois bonne mine. Quelle santé as-tu? Quinze ans de colonies, c'est dur, — monsieur le gouverneur!

RICHARD.

J'ai porté cela assez bien. Et toi, la santé?

L'AMIRAL.

De fer. Pour que je sois malade, il me faut des balles dans le corps, ou des chutes à me rompre les bras. Mais ta vie, où en est-elle? Ta vie morale? Qu'as-tu fait? Que vas-tu faire?...

RICHARD.

Je suis seul.

L'AMIRAL.

Tu as un neveu!... Un marin comme nous. On en dit beaucoup de bien.

RICHARD.

Je te le présenterai. Il doit me rejoindre avant trois jours. C'est un bon esprit, un cœur généreux. Oui, il est charmant, et nous nous entendrons à merveille, pourvu que je lui obéisse exactement! Tu connais cela, toi, l'obéissance passive, hein, amiral?

L'AMIRAL, *sérieux*.

... Ah! tu as vu Martin? C'est juste, il t'a reçu!... Il a eu le temps de causer! C'est son père aussi, ce brave homme!

RICHARD.

Sais-tu que je meurs d'envie de la voir, ta perle d'Orient. Heureux homme, qui trouves moyen d'enlever de jeunes Grecques au beau milieu d'une tournée hydrographique!...

L'AMIRAL.

Ah! mon ami!... Sais-tu ce que j'appris en arrivant en France? C'est le même jour, à l'heure même où je recueillais l'orpheline, que ma femme et mon enfant avaient expiré. Comprends-tu?

RICHARD.

Elle les remplace.

L'AMIRAL.

Toutes les deux! — Les deux êtres que j'ai perdus, je les revois en elle. A mesure que l'enfant grandit, il me semble retrouver la jeune femme que je n'ai pas eu le temps de chérir. Si tu savais! Quel charme enfantin et virginal! Quel spectacle, le progrès peu à peu de l'enfant toute petite à la jeune fille élancée, déjà fière, pas encore coquette!... Mais je vais te faire envie!...

RICHARD.

Va, va toujours!

L'AMIRAL.

On l'a baptisée Louise, mais nous l'appelons Smilis, parce que...

RICHARD.

Oui, Martin m'a conté cela.

L'AMIRAL.

Alors, je passe.

RICHARD, riant.

Non, répète...

L'AMIRAL.

C'est inutile... En arrivant à bord...

RICHARD.

Elle pleurait. Tu la mis dans un hamac?

L'AMIRAL.

Naturellement. (Se levant.) Ah çà! Martin t'a donc tout dit?

RICHARD, se levant.

Et quand elle fut fatiguée de pleurer, elle s'endormit?

L'AMIRAL.

Pas précisément! Figure-toi : j'avais beau lui dire mille choses, elle n'y entendait rien.

RICHARD.

Elle n'entendait que le grec!

L'AMIRAL.

Pour l'apaiser, il me vint une idée... J'en avais eu une première, qui ne valait rien, celle de lui faire chanter par Martin une chanson de gaillard d'avant, mais il avait une voix de clairon et je dus le faire cesser tout de suite... alors tu ne devinerais jamais!

RICHARD.

Voyons!

L'AMIRAL, gaîment.

Je fis chercher un livre grec! Il se trouva qu'un jeune enseigne avait un Homère, et c'est en lisant à la petite vingt vers de l'*Iliade*, que je parvins à la calmer, puis à l'endormir! Il faut croire qu'en dépit de mon mauvais accent, elle retrouvait dans les vers antiques quelques-unes des sonorités familières et comme un souvenir de la parole maternelle!

RICHARD, riant avec l'amiral.

Ah! mon vieux Kerguen!

L'AMIRAL.

Eh bien?

RICHARD.

Eh bien! je n'ai rien à te dire, mais je te comprends!... Et tu songes sans doute à la marier bientôt?

L'AMIRAL.

Oh! bientôt! bientôt!... (Voyant entrer des domestiques qui apportent le café). Tu as déjeuné? Tu prends du café? Viens. Mais, voici notre monde... Rien à me dire!... Je suis sûr que tu as des milliers de choses à me dire!... Tiens, voilà Smilis.

SCÈNE IV

Les Mêmes, SMILIS, MADAME NERVAL, ALBERT NERVAL, MADAME DE NANCEY, MADAME D'ORIGNY.
Invités, hommes et femmes, MARTIN et Domestiques, Plusieurs, circulant.

Smilis s'avance vers l'amiral, tandis que le groupe des invités demeure au fond.

L'AMIRAL.

Voici, ma chère petite, quelqu'un que tu n'as jamais vu. Devines-tu? Notre ami?...

SMILIS.

Richard! (Se reprenant.) Le commandant Richard! Eh bien! je vous ai reconnu, commandant. Voilà longtemps que je vous connais; il n'y a pas de jour où l'amiral ne parle de son vieux Richard, et ses récits font vivre vos portraits, qui vous ressemblent. Que je suis heureuse de vous voir! Resterez-vous longtemps à Paris? Pourquoi n'étiez-vous pas de notre déjeuner? — Vous ne savez pas?... En me parlant de la Grèce, tout le monde s'est amusé à me taquiner... (Désignant du regard un jeune homme parmi les invités.) M. Albert surtout, c'est son habitude! Vous m'auriez défendue, j'espère? Vous serez toujours de mon côté, n'est-ce pas, dans nos grandes disputes? Et vous viendrez souvent, dites, tous les jours!... tous les jours! Vous le promettez? Quel bonheur!

RICHARD.

Voilà beaucoup de questions, de quoi m'embrouiller, mon enfant. Et comment y répondre? Je m'engage seulement à être toujours votre allié, en toute occasion... C'est un traité. Signons-le. Voulez-vous m'embrasser, mademoiselle? J'en meurs d'envie.

SMILIS.

Vrai?... Alors, il fallait commencer par là. Moi, j'avais bien envie aussi, mais l'amiral et Martin m'ont toujours dit qu'il ne fallait pas embrasser les garçons la première... J'attendais!...

Elle regarde l'amiral qui lui fait un signe. Elle embrasse Richard.

RICHARD, à l'amiral.

Heureux homme!

L'AMIRAL, à Richard.

Nous allons fumer... (Aux invités qui causent entre eux.) N'est-ce pas, messieurs?

SMILIS.

Et je vais avec vous pour ne pas vous quitter.

L'AMIRAL.

Nous ne fumons d'ailleurs ni l'un ni l'autre.

SMILIS.

Mais nous ne craignons plus la fumée.

L'AMIRAL.

Si c'est un défaut, elle en a un!... (A Albert.) Venez-vous monsieur?

ALBERT, empressé.

Certainement, amiral.

MADAME NERVAL.

Comment! vous aussi, Albert?

ALBERT.

Mais oui, ma mère!

Richard et Smilis s'éloignent et sortent, suivi de l'amiral et des hommes.

SCÈNE V

MADAME NERVAL, MADAME DE NANCEY, MADAME D'ORIGNY, AUTRES DAMES.

MADAME NERVAL.

Oh! le tabac!... Quelle habitude!

MADAME DE NANCEY.

C'est la désunion des ménages et la guerre entre les sexes.

MADAME D'ORIGNY.

Tout le mal du siècle vient de là : les hommes fument et les femmes s'ennuient.

MADAME NERVAL.

Et dire que le gouvernement protège cela et qu'il en tire un bénéfice!

MADAME D'ORIGNY.

Mademoiselle Smilis a pris le bon parti. Il ne nous reste qu'à ne pas craindre la fumée.

MADAME NERVAL.

Fi! l'horreur! (A part.) Si elle devient ma bru, nous referons cette éducation! (Haut.) Il faut pardonner quelque chose à une fille élevée sans mère. Une mère, tout est là!

MADAME DE NANCEY.

Rien qu'à sa façon de s'habiller, on voit bien que la mère a manqué.

MADAME D'ORIGNY.

Elle a cependant la couturière de tout le monde.

MADAME DE NANCEY.

Eh bien! voilà! Il lui manque un certain je ne sais quoi

mystérieux et inexprimable que la couturière ne met pas dans les garnitures, une façon de porter que le professeur de danse et de maintien ignore, la grâce de la vraie femme... Enfin, ce que peut seule enseigner une mère : le chic!

MADAME NERVAL.

Eh bien! mais, elle en a un à elle. Chacun le sien.

MADAME DE NANCEY.

Je dis, moi, qu'elle n'en a pas!

MADAME D'ORIGNY.

Et c'est irrémédiable!

MADAME NERVAL.

Irrémédiable? Oh! non! A défaut de la mère qu'elle n'a pas eue, une belle-mère pourrait encore... Car enfin, une belle-mère, c'est la mère de l'autre!

MADAME DE NANCEY, bas, à sa voisine.

Son fils en tient, ma chère!... (A madame Nerval.) Assurément, il n'y a rien d'irrémédiable à cet âge! Vous la façonneriez à votre guise, (Gracieusement.) à votre image!... En un seul jour, dans vos mains, la chrysalide deviendrait papillon!... Et, entre nous, c'est un beau parti!

MADAME NERVAL.

Un parti superbe! L'amiral est un homme remarquable. Sous bien des rapports, l'éducation de l'enfant est parfaite. Une dot magnifique. C'est plus et mieux qu'une adoption... On peut dire qu'elle est sa fille!... (On entend les premiers accords d'une valse.) Mais, je crois qu'on danse à côté? Ça doit être une idée de mon fils. Venez-vous, mesdames?

Elle sort. Les autres dames la suivent à l'exception de madame de Nancey et de madame d'Origny.

SCÈNE VI

MADAME DE NANCEY, MADAME D'ORIGNY.

MADAME D'ORIGNY, à madame de Nancey, qui lui a parlé à voix basse.

Vous croyez, ma chère?

MADAME DE NANCEY.

Assurément!... Est-ce que ça arrive, ces histoires-là!... Une fille de hasard trouvée par des matelots sur les décombres d'une maison démolie! les pirates, l'incendie et tout ça! Et cet immense amour de cet homme pour cette petite, est-ce que cela vous paraît naturel?...

MADAME D'ORIGNY.

Votre version n'est pas moins romanesque.

MADAME DE NANCEY.

Mais elle est vraisemblable! Songez donc, ma chère! Les marins, les voyages, l'Orient, la Turquie, les sérails, les odalisques! J'ai toujours pensé que c'était sa fille!

MADAME D'ORIGNY.

Vous pourriez bien avoir raison!

Elles sortent. — Martin entre.

SCÈNE VII

MARTIN, seul.

MARTIN.

Voilà qu'on danse! c'est l'avocat, c'est ce M. Albert qui s'est mis au piano, à présent!

L'AMIRAL, entrant avec Richard.

Martin, où est-elle?

MARTIN.

Voyez, amiral.

Martin sort.

SCÈNE VIII

L'AMIRAL, RICHARD.

L'AMIRAL, au fond, arrêté avec Richard. Tous deux regardent dans la coulisse.

Tu l'as vue rire et causer; regarde-la danser! Quelle grâce!... L'innocence même!

Ils reviennent sur le devant de la scène.

RICHARD.

Elle joue avec les garçons, comme une fillette aux Tuileries! Ma foi, je t'envie : tu es bien heureux!

L'AMIRAL.

Tu crois ça, toi?

RICHARD.

Comment!

L'AMIRAL.

On n'est pas heureux quand on connaît l'heure où on cessera de l'être.

RICHARD.

Que veux-tu dire?

L'AMIRAL.

Pourquoi crois-tu que je me suis fait mondain, cette année? Les soirées, les bals, les fêtes, crois-tu que cela m'amuse? Non, mais on a une fille, et il faut songer à la marier.

RICHARD.

Le monde t'ennuie et tu es forcé de recevoir. Tu appelles ça ne pas être heureux!

L'AMIRAL.

Tu ne m'entends pas? Non? Ecoute-moi, tu vas me comprendre... Ou, peut-être, — qui sait? — vais-je parler sans que tu me comprennes? N'as-tu pas, en effet, toujours vécu seul? Ah! mon vieil ami, c'est une chose regrettable d'avoir un cœur affectueux, fait pour la tendresse et le dévouement, mais quand on l'a ainsi fait, comment échapper à soi-même? — Marier son enfant unique, ah! que cela est cruel!... Toutes les mères savent cela!

RICHARD.

C'est vrai, c'est vrai, mais enfin...

L'AMIRAL.

Oui, lorsqu'on en a plusieurs, oh! alors, c'est bien différent! Et puis, quand la mère, la bonne compagne, vous reste, le foyer n'est pas désert tout d'un coup... Le foyer désert!... je l'ai connu. Cette idée m'est insupportable.

Il s'assied à gauche.

RICHARD.

Il faut pourtant bien s'y habituer : cette douleur des pères, c'est le bonheur de l'enfant!

L'AMIRAL, *se levant.*

Le bonheur! le bonheur! Ça n'est pas le bonheur! c'est l'inconnu! c'est le mariage!... C'est au hasard qu'on livre son enfant, la chair de sa chair, ou, mieux encore, l'âme de son âme, à quelqu'un de ces jeunes étourdis qu'émeut sa jeunesse, et qui prend le battement du sang dans les veines pour la palpitation d'un cœur aimant. Je ne dis pas amoureux, je sais ce que je dis; je dis : aimant.

RICHARD.

Oh! oh! Que me chantes-tu là! Ne leur fais-tu pas un reproche de ce que tu leur envies?

L'AMIRAL.

Eh bien! oui! J'envie au premier venu le droit qu'il a sur mon enfant, sur mon amour, sur moi-même! Eh bien, oui, je suis jaloux! Songe donc! Tous ces jeunes hommes, est-ce que je les connais, moi? Je n'ai jamais voulu me séparer d'elle, la confier à des femmes, au couvent, à Dieu! C'était donc pour la livrer à quelqu'un de ces inconnus dont le plus aimable est trop jeune pour savoir vraiment s'il est honnête homme?

RICHARD.

Prends garde!

L'AMIRAL.

Oui, oui, tu fais bien! Parle-moi, soutiens-moi... Ah! que tu es le bien arrivé, Richard! Cela m'étouffait. Je ne pouvais plus vivre sans parler enfin de cela! En te disant ma pensée, je m'en délivre! Elle ne m'obsédera plus! Ah! Richard!

RICHARD.

Allons, parle, l'amitié t'écoute. Tu as peur de l'aimer!

L'AMIRAL, *froissé.*

Ah! Que vas-tu dire là? Je t'appelle à me comprendre, et du premier coup tu vas... Ah! Richard!

Il va s'asseoir près de la table à droite.

RICHARD, *s'asseyant près de lui.*

Que veux-tu? Je suis un maladroit : je n'entends rien à tes subtilités de sentiment : je suis un homme sans femme, sans enfant, mais quand tu te seras expliqué... j'ai de ça tout de même, et je comprendrai, et, si je peux, je t'aiderai. Dis-moi toute ta pensée.

L'AMIRAL.

Elle est bien simple. Je t'ai tout d'abord expliqué d'un mot mon sentiment : la paternité jalouse!.. car elle est ma fille autant que possible! Son âme est née de mes soins, de ma pensée, de mon âme! Son tendre cœur est fait du mien!... Cette paternité de l'esprit, de l'éducation, c'est la vraie!... Sans elle, la paternité du sang n'est rien! Elle n'a jamais parlé!... Mais ce que je ne peux pas te dire d'un mot, c'est la violence de mon sentiment! Mon devoir est de la donner, de la livrer... Eh bien! cela m'épouvante; j'ai des vertiges, des rages! Comment! il faut que je la prenne par la main et que moi-même je la livre à un maître! Que je la perde... à jamais!

RICHARD.

A jamais?...

L'AMIRAL.

A jamais! car enfin, je serais son père qu'il en irait ainsi! A plus forte raison serons-nous à jamais séparés, puisqu'elle ne me doit aucun amour filial, rien, que la reconnaissance qu'on a pour un père nourricier, un parrain, un bienfaiteur...Tout est là. Je n'ai rien dit de plus.

RICHARD, se levant.

Cependant...

L'AMIRAL.

Je ne suis pas encore fou, Dieu merci! Et c'est m'accuser de folie que de me dire : « Tu l'aimes! » c'est-à-dire : « Tu en es amoureux! » car c'est très différent. Je l'aime... je l'aime... Ah! pourquoi tous les amours n'ont-ils qu'un seul nom!

RICHARD.

Permets ..

L'AMIRAL.

Oui, certes, je l'aime; mais non pas d'amour. L'amour des amoureux n'est qu'un égoïsme... il cherche sa joie par-dessus tout, celui-là. Je l'aime moi, pour elle, entends-tu, pour elle : pour faire son bonheur... Pour le voir, pour en jouir. . Et voilà pourquoi j'hésite à la donner! Il faut tant de garanties, tant de précautions! Enfin, c'est aujourd'hui ma dernière réception. J'espère être tranquille quelque temps Dès demain nous aurons quitté

Paris, nous serons en voyage... seuls!... avec toi, si tu veux!

RICHARD.

Je ne vois pas clairement ce que tu me dis. Tu te réjouis de recevoir aujourd'hui pour la dernière fois. A ta place, je n'aurais pas reçu du tout, si j'avais jugé que le moment n'est pas venu encore de marier l'enfant.

L'AMIRAL.

Eh! Ne comprends-tu pas que je me méfie de moi-même? Avant tout, je veux penser à elle: je pense à elle; mais suis-je sûr de ne pas agir pour moi, en père jaloux, quand je repousse l'idée de la marier si tôt? Alors, j'ai donné des soirées, j'ai invité ces jeunes gens, qui m'irritent à chaque instant par leurs fadaises, leur tenue, qui sait? par leur jeunesse!... Si l'un d'eux osait me la demander!... (Il réprime un mouvement de colère: avec résignation:) Je me dis que si le cœur de l'enfant s'éveille et parle, le pauvre père devra consentir... mais enfin, j'espère que l'heure n'est pas venue encore. Et cependant, c'est le bel âge pour aimer. Songe donc! dix-sept ans! L'odeur de l'aubépine en fleurs, si amère et si douce à la fois, n'est pas plus inquiétante au mois d'avril que ces trois mots : dix-sept ans!

RICHARD.

Diable!

L'AMIRAL.

Tu dis?

RICHARD.

Je dis: Diable!

L'AMIRAL.

Pourquoi?

RICHARD.

Parce que je te trouve... poétique! Cependant ne te fâche pas! J'ai compris. (A part.) J'ai trop compris.

L'AMIRAL

Richard, j'ai peur de quelqu'un ici.

RICHARD.

Peur! toi! Pauvre ami!

L'AMIRAL.

Depuis quelque temps, je me méfiais!... Tout à l'heure, j'ai cru deviner.

RICHARD.

Ah! oui, ce jeune homme? En effet!... qui t'a demandé si vraiment tu pars demain?

L'AMIRAL.

M. Albert Nerval. Je t'ai présenté à sa mère.

RICHARD.

Qu'est-ce que cette dame?

L'AMIRAL.

Une brave femme... malheureusement... Avec des travers!

RICHARD.

Nous en avons tous. Riche?

L'AMIRAL.

Très riche.

RICHARD.

Veuve?

L'AMIRAL.

D'un ancien président de cour.

RICHARD.

Son fils?

L'AMIRAL.

Un jeune magistrat. Il a débuté comme avocat; pas brillant, mais doué, dit-on, d'excellentes qualités.

RICHARD.

Les jeunes gens semblent se convenir.

L'AMIRAL.

Ne me dis pas ça !

RICHARD.

Il n'y a pourtant pas d'objection grave? Contre la mère? non! Contre la famille? non! Contre le fils?

L'AMIRAL, furieux.

Eh non! (Voyant entrer madame Nerval.) Richard, on va me la demander, je le sens! Ne me quitte pas!

SCÈNE IX

LES MÊMES, MADAME NERVAL, MARTIN.

MARTIN, montrant l'amiral.

Le voilà, madame!

Il demeure au fond et observe.

MADAME NERVAL.

Amiral, j'apprends que vous partez demain: je n'ai donc pas le choix du moment, et puisque nous voici dans un petit coin bien solitaire... (A Richard qui s'éloigne.) Pardonnez-moi, commandant, je ne veux pas séparer deux amis qui viennent de se retrouver...

L'AMIRAL.

En ce qui me concerne, madame, je n'ai pas de secrets pour mon vieil ami, pour mon frère...

MADAME NERVAL.

Je le sais, amiral, et je n'ai dès lors aucune raison pour me taire devant lui... (Richard s'éloigne pourtant à deux pas.) Amiral, j'ai l'honneur de vous demander la main de mademoiselle Louise, qui sera votre fille d'adoption, pour mon fils Albert Nerval. Vous savez sa situation, son âge, ses succès de jeune avocat, sa fortune; vous connaissez toute sa famille... Les jeunes gens paraissent se convenir...

SCÈNE X

Les Mêmes, SMILIS, et MARTIN, qui s'est rapproché.

SMILIS, entrant du fond.

Commandant Richard! C'est une valse. Invitez-moi!

L'AMIRAL.

La voici! Eh bien! madame, je vais l'interroger.

RICHARD, bas, à l'amiral.

Ne mollissons pas, mordieu! Taille dans le vif!

L'AMIRAL.

Smilis! Ma chère enfant, on te demande en mariage. M. Albert Nerval me demande ta main. Je ne veux exercer aucune influence sur ta décision. Consens-tu à le prendre pour époux?

SMILIS.

M. Albert! Il n'aura donc jamais fini de me taquiner! Il me tourmente toujours! Pour mari? Nous serions mari et femme? Et, comme je l'ai entendu dire à ma bonne, je devrais obéissance à mon mari, c'est-à-dire à M. Albert? Ma foi non!

MARTIN, à part.

Bon!

L'AMIRAL.

Réfléchis, ma mignonne, consulte ton cœur.

SMILIS.

Consulter mon cœur?

L'AMIRAL.

Tu es à l'âge où l'on se marie, au bon âge. C'est peut-être un peu triste pour les parents, pour moi; mais cela ne doit pas t'arrêter. Je ne suis pas un jeune homme, moi, je peux te manquer d'un moment à l'autre; il te faut pour l'avenir un protecteur, un mari, un brave jeune homme comme M. Nerval, qui t'emmènera loin de moi, — pas trop loin, — où il voudra!... Vous aurez une maison. Tu auras une maison, tu seras maîtresse chez toi. Ici, tu n'es qu'une enfant: tu ne commandes pas... Nous sommes de vieilles gens, un peu grognons, Martin et moi; il est juste que nous te laissions faire ta vie. Le bonheur, c'est le mariage, vois-tu; un compagnon et une compagne, voilà la nature et la loi de Dieu. Le bonheur, ce sont les enfants qu'on a, qu'on soigne... tant qu'ils sont tout petits, tant qu'on les prend sur son cœur, dans ses bras; c'est la joie, je te dis, la joie de Dieu... jusqu'à ce qu'ils soient grands!

SMILIS.

Une autre maison? Être la maîtresse? Grognons, Martin et vous! Du bonheur, loin de vous deux! Avoir un mari, qui m'emmène... où il voudra! J'aime mieux vous obéir à vous,... comme je l'entends! Je suis très heureuse ici, quand vous n'avez pas une vilaine figure triste, comme en ce moment! Une autre maison?... J'aime trop la nôtre, et je ne veux pas d'autre mari — que vous!

Elle jette sa tête sur la poitrine de l'amiral qui la couvre de ses bras.

MARTIN, à part.

A la bonne heure!

MADAME NERVAL.

Permettez-moi de croire encore, amiral, que cette parole d'enfant n'est pas la ruine des espérances de mon fils; il en serait vraiment trop malheureux.

L'AMIRAL.

Eh bien, madame, nous verrons !

MARTIN, à part.

Un bourgeois? jamais!

Rideau.

ACTE DEUXIÈME

La scène est à Paris chez l'amiral Kerguen. — Même décor qu'au premier acte. Seulement la disposition des meubles est changée. A droite, un canapé près d'une table. Et partout, sur les tables et les consoles, une profusion de fleurs. Lilas blancs et roses blanches. On aperçoit, dans les vestibules, des plantes, des palmiers nains, des camélias. — Au lever du rideau, des groupes vont et viennent. — On cause.

SCÈNE PREMIÈRE

LE COMMANDANT RICHARD, GEORGES RICHARD,
PLUSIEURS OFFICIERS DE MARINE, en grande tenue,
DIVERS INVITÉS, HOMMES et FEMMES,
MARTIN et DOMESTIQUES, circulant.

UN OFFICIER DE MARINE, au commandant Richard. Ils sont assis tous deux sur le canapé à droite.

Mon cher, — Kerguen est une nature exceptionnelle. Dans sa famille, on est jeune à soixante ans! Et l'esprit n'y vieillit jamais!

RICHARD.

Ah! du fond de mon cœur je lui souhaite tout le bonheur possible... C'est le meilleur des hommes!... N'est-ce pas ton avis, toi, Georges?

GEORGES.

Il n'y a pas un mois que je le connais et je le tiens en effet, mon oncle, pour le meilleur et le plus distingué des hommes!...

L'OFFICIER.

Ah! ton neveu, commandant?

RICHARD.

Mon neveu!...

L'OFFICIER, *à Georges.*

Heureux de vous connaître, monsieur; la marine sait votre nom!...

GEORGES, *saluant.*

Monsieur!

L'OFFICIER.

Demande donc à l'amiral de prendre ton neveu pour son aide de camp à la préfecture maritime.

GEORGES.

Il est préfet?...

RICHARD.

Le ministre sort d'ici; il est resté cinq minutes: le temps d'annoncer à Kerguen qu'il l'a nommé préfet maritime à Toulon.

L'OFFICIER.

Partons-nous ensemble, Richard?

RICHARD.

Pas avant d'avoir offert, une dernière fois, aux deux époux, nos souhaits d'heureux avenir.

L'OFFICIER.

C'est juste!... Et pense à ce que je t'ai dit pour ton neveu.

RICHARD.

C'est une bonne idée: je l'avais eue!...

L'OFFICIER, *à ceux qui l'entourent.*

N'est-ce pas, Messieurs, qu'elle est charmante, la mariée ?

GEORGES.

Et d'un charme bien singulier !

L'OFFICIER.

C'est la fleur transplantée et mise en serre chaude.

GEORGES.

Elle a manqué d'air et de soleil.

L'OFFICIER.

Et c'est justement ce qui a fait son charme!... Gardée religieusement, elle n'a subi aucune des banales empreintes du monde! Tenez, la voici!

SCÈNE II

LES MÊMES, L'AMIRAL et SMILIS, *en toilette de mariée, au bras de l'amiral. — Ils sont suivis d'un cortège d'amis.*

L'OFFICIER, *regardant l'amiral.*

Ils ont beau dire !... Un jeune homme, c'est charmant, mais ce vieux est superbe !

L'AMIRAL, *à un groupe d'amis, puis à Smilis.*

Merci, mes amis, merci. Je suis bien heureux ! Vos amitiés, qui nous accompagnent, nous entourent de joie... J'avais pensé, Smilis, à orner notre maison aujourd'hui de fleurs suaves et fraîches comme toi, mais chacun de nos amis a eu la même pensée : t'en offrir à profusion ! Ce n'est pas un bouquet, c'est une corbeille, que chacun d'eux t'a envoyée, et, — ils me l'ont dit, — sans s'être consultés entre eux! Et cela signifie que tu es la plus douce, la plus jolie, la plus suave de toutes !... N'est-ce pas, mes amis? vous avez voulu lui dire cela, lui dire qu'elle est comme leur petite reine blanche?... Il fallait, aujourd'hui, que son peuple vînt au-devant d'elle, et c'est pourquoi ma maison tout entière a fleuri comme un printemps!... Je suis bien heureux, mes amis, et je me sens venir au cœur la jeunesse de ce printemps qu'elle fait naître autour d'elle et que vous avez mis sous ses pas... (A Smilis.) Tu ne leur parles pas, toi?...

SMILIS.

Toutes ces choses que vous dites me rendent un peu confuse, et je ne sais plus que dire moi-même pour les remercier. Vous parlez toujours si bien! et aujourd'hui mieux que jamais!

L'OFFICIER, à part.

Je crois vraiment qu'elle a de l'amour pour lui!...

SMILIS.

Tout le monde ici m'a gâtée : je ne le méritais pas!... (A une dame.) Oh! madame, comme je vous remercie!... J'avais bien pensé que les camélias blancs venaient de votre serre!

RICHARD, entouré de plusieurs de ses amis.

Une fois encore, tes vieux compagnons d'armes veulent serrer ta main et dire aux deux époux leurs souhaits de bonheur... Elle est toute nouvelle, la vie où vous entrez! Beau temps, bonne brise, heureux voyage!

L'amiral serre la main à tous, puis retient celle de Richard. — Les autres officiers sortent.

L'AMIRAL.

Toi, je voulais presser ta main juste à ce moment; je suis à l'apogée de la joie : mon cœur éclate!

RICHARD.

Cher ami!... Mais je ne t'ai pas félicité du cadeau de

noces que t'a fait notre ami, le ministre : préfet maritime à Toulon!... Es-tu content?...

L'AMIRAL.

Smilis surtout est ravie d'aller en Provence. Tu connais, près de Toulon, notre villa de Sainte-Marguerite?... Nous vivrons là une partie de l'année... Après le service, j'y retrouverai tous les soirs ma petite Smilis... Quelle bonne vie nous allons mener! N'est-ce pas, ma mignonne?

SMILIS.

Oh! oui!... J'aime tant le beau soleil et la mer, et les pins qui descendent jusqu'au bord de l'eau!... Oui, je serai contente! (A Georges.) Vous savez qu'il y a là-bas comme en Grèce des lauriers-roses sauvages, dans le lit des torrents!... Aimez-vous la Provence, monsieur?

GEORGES.

Comme votre pays, comme la Grèce, où j'ai passé plusieurs mois.

SMILIS.

Comme la Grèce! Vous y avez vécu?... Parlez-m'en!...

Elle s'éloigne un peu en causant avec lui.

RICHARD.

Et à présent, amiral-préfet, que vas-tu faire pour mon neveu?

L'AMIRAL.

J'y ai pensé au moment même où le ministre m'a annoncé ma nomination. Je l'ai demandé comme officier de choix et l'un de mes aides de camp à la Préfecture. C'est toi qui le lui annonceras... si tu crois qu'il consente!

Georges se rapproche d'eux. — Smilis est retenue dans un groupe de femmes.

RICHARD, à Georges.

Georges, remercie l'amiral-préfet, tu es son aide de camp!

GEORGES.

Amiral !...

L'AMIRAL.

Pas un mot ! J'ai choisi l'amitié, le mérite et l'honneur !

GEORGES.

Merci trois fois, amiral !

RICHARD, à l'amiral.

L'avenir est tout bonheur pour toi... Adieu !... car tu sais que je pars ?

L'AMIRAL.

Je le sais, mais j'entends te revoir... Quand pars-tu ?

RICHARD.

Dans deux jours, pour Toulon ; et dans un mois pour la Chine... à moins d'avis contraire, bien entendu !

L'AMIRAL.

En aucun cas, ne pars sans me revoir !

RICHARD.

C'est convenu !

L'AMIRAL.

En aucun cas, tu m'entends ?... J'aurai des ordres à te confier.

Richard et Georges sortent. — Il s'opère sur leur départ un mouvement général de sortie. — Martin fait retomber les portières.

SCÈNE IV

L'AMIRAL, MARTIN.

MARTIN.

Amiral, puis-je me retirer ?

L'AMIRAL.

Oui, Martin, tu as pensé à tout; tout est bien; va, va.

Martin s'éloigne, puis revient sur ses pas.

MARTIN.

C'est que... j'aurais voulu vous dire... aujourd'hui... tant de choses !... Mais je ne sais pas .. Et puis... l'émotion... je ne peux pas !... Ce jour est un grand jour !... Vous êtes comme mes deux enfants et tout mon cœur vous bénit ! (L'amiral tend sa main que Martin saisit avec effusion dans les deux siennes.) Tous ces jeunes gens, voyez-vous, ça me faisait peur quelquefois, mais souvent ça me faisait rire !... Je savais bien, moi, qu'elle ne s'en irait jamais avec d'autres, que ça n'était pas possible, qu'elle nous resterait, que nous serions, en fin de compte, les deux préférés ! — J'avais toujours rêvé ce mariage ; je suis bien heureux !...

Entre Smilis. Sur un signe de l'amiral, elle va embrasser Martin qui sanglote de joie. — Martin sort.

SCÈNE V

L'AMIRAL, SMILIS.

L'AMIRAL.

Enfin ! (Il va à sa rencontre.) Oh ! ma chère, chère mignonne ! (Il la presse sur son cœur.) M'aimez-vous bien, dites ?...

SMILIS.

Oh ! mon ami !... — Mais... c'est la première fois que vous me dites : *vous*... Pourquoi ? et pourquoi me demandez-vous si je vous aime, le jour où, par la cérémonie du mariage, je vous appartiens pour toujours, sans que personne puisse me reprendre à vous ?

L'AMIRAL.

Oui, un lien nouveau vous attache à moi, de plus près que jamais.

SMILIS.

Quel bonheur ! nous voici mariés !

L'AMIRAL.

Redis-le : quel bonheur !

SMILIS.

Oui, c'est un grand bonheur ; et que j'ai tant désiré !

L'AMIRAL.

Répète-moi cela !

SMILIS.

J'avais si peur d'être mariée à un autre ! Oh ! depuis longtemps j'avais pensé : je ne veux pas me séparer de lui ; c'est ma destinée de lui appartenir ; je ne le quitterai jamais !

L'AMIRAL.

Jamais !

SMILIS.

Et depuis que notre mariage est décidé, ah ! je suis bien heureuse !... Voyez-vous, je vous aurais toujours aimé, sans devenir votre femme ! mais j'ai vu avec joie cette fête, parce qu'elle m'a donnée à vous en face de tous. J'avais compris que la petite étrangère pouvait vous être reprise ; cela vous faisait peur, — et à moi aussi. J'ai bien entendu quelquefois de méchantes personnes qui murmuraient : « Que lui est-elle ? Rien ! » et j'ai voulu vous être quelque chose. Mais mon cœur ne saurait vous appartenir davantage aujourd'hui qu'hier.

L'AMIRAL.

Céleste figure !... Ma vie est en vous, vous êtes mon âme. Si vous m'aviez laissé pour un autre, si vous vous étiez retirée de moi, c'est donc mon âme qui m'eût quitté, et votre départ eût fait ma mort...

SMILIS.

Oh! mon ami!

L'AMIRAL.

Et à présent, tu vas me donner la vie, la vie enchantée par la tendresse et par la beauté... Sais-tu combien tu es belle?... On te l'a dit souvent, n'est-ce pas?... Car vous êtes belle, le savez-vous, bien belle! — Mais tu trembles, tes yeux semblent près de pleurer... Qu'as-tu?

SMILIS, se levant lentement.

Je ne sais, je ne peux m'expliquer... Quand vous me dites *vous*, je ne sais ce que j'éprouve! C'est comme un regret... comme si vous vous éloigniez de moi tout à coup... comme si je l'avais mérité!

L'AMIRAL.

Smilis!

SMILIS.

Oui... oui... il vient de me sembler tout à coup que vous n'êtes plus le même pour moi! Certainement, vous me disiez tous les jours les mêmes choses, mais autrement, plus doucement; vous m'avez dit souvent que j'étais jolie, mais vous me faisiez un mérite plus grand des qualités que vous formiez chaque jour vous-même dans mon cœur et dans mon esprit. Vous me répétiez bien souvent que vous les préfériez à tout pour moi, et chacune de vos paroles était toujours également tendre, calme, — paisible... Et à présent, vous me paraissez tout changé, et je ne sais pourquoi cela m'étonne et me donne envie de pleurer.

L'AMIRAL.

Tout n'est-il pas changé, dès aujourd'hui?... Ne vous effrayez pas, ma chère mignonne!... Tout le monde ne vous a-t-il pas appelée : *Madame?*... Vous voyez bien qu'il y a un changement! — Vous êtes ma femme !... Savez-vous ce que cela veut dire, être une femme?...

SMILIS.

Cela veut dire : ne plus être une demoiselle !... Quand j'avais douze ans, ne m'a-t-on pas mis aussi une robe blanche? J'étais belle comme ce soir. Il y eut aussi des fleurs et une fête. C'était la première communion ; et l'enfant était devenue jeune fille! — Aujourd'hui, c'est le mariage. Votre affection pour moi, depuis mon enfance, et la mienne pour vous, aussi grande que la vôtre, sont consacrées devant les hommes, devant Dieu, — et la jeune fille est devenue une femme... Voilà! N'ai-je pas bien dit?...

L'AMIRAL.

Si, si, très bien!... Tu sais notre belle gravure de la sainte Cécile, de Raphaël?... Il y a des anges enfants, qui chantent au-dessus de sa tête, dans les nuages, et qui sont des êtres moins légers, moins harmonieux, moins purs que toi!...

SMILIS.

Pourquoi me dire tant de si jolies choses? Non, je ne suis qu'une petite fille, — une petite femme! — qui vous a fait souvent gronder un peu!

L'AMIRAL.

Qui, moi, j'ai grondé? — Jamais!

SMILIS, riant.

Oh! mais si, très souvent. J'étais une très désobéissante petite fille, et il a bien fallu m'en accuser hier tout bas à l'oreille du confesseur!...

L'AMIRAL.

Et qu'a-t-il dit, le confesseur?...

SMILIS.

Il souriait un peu!... J'ai bien vu qu'il se moquait de

moi et je le lui ai dit. — « Pardonnez-moi », m'a-t-il répondu, et il a pris un air si bon, que de grand cœur je lui ai pardonné!... De quoi souriez-vous?

L'AMIRAL.

C'est de voir un ange au confessionnal donner au prêtre l'absolution.

SMILIS.

Oh! un ange!

L'AMIRAL.

Je souris... de votre candeur, comme en a souri dans sa joie le prêtre qui vous écoutait.

SMILIS.

Je ne veux pas que vous me disiez *vous!* (Se reprenant.) Vousai-je fâché?... Je voudrai ce que vous voulez... Comment vous ai-je fâché? Est-ce parce que je vous ai dit que je ne peux vous aimer davantage? Mais vous-même, comment ferez-vous, répondez-moi, pour changer de cœur aujourd'hui et m'aimer autrement et mieux que par le passé, puisque déjà vous êtes tout pour moi!

L'AMIRAL, l'entourant de ses bras.

Oui, tout!

SMILIS.

Et je l'ai toujours bien compris! Rappelez-vous ce jour, — je n'avais pourtant que six ans, — où une dame, un peu maladroite, dit devant moi, en me plaignant : « Ces enfants élevés sans mère sont destinés au malheur. On sentira toute leur vie que quelque chose leur a manqué! » Et moi, à qui rien ne manquait près de vous, je pris très haut la parole, du coin sombre où je m'amusais et je dis : « Madame, il est aussi ma mère! » Et cela vous fit pleurer, vous souvenez-vous?

L'AMIRAL.

Je me souviens! Je me souviens!

SMILIS, gaiement.

Vous souvenez-vous que Martin, à qui vous contiez cela le soir, pendant qu'il balançait mon hamac, se mit à se plaindre bien fort et réclama pour lui d'être appelé : nourrice!. . Et pourtant, j'étais déjà grande, quand vous m'avez trouvée sur le bord de la mer... Mais je ne marchais guère, j'avais peur de vous et je ne pouvais pas vous fuir... Que de fois Martin m'a conté cela! (Elle appuie sa tête sur la poitrine de l'amiral.) Je tremblais la fièvre, je frissonnais au vent de mer entre vos bras et vous me disiez : « Nous trouverons en France une petite sœur. » La petite sœur était morte ; je la remplace, n'est-ce pas? (L'amiral tressaille et pâlit, comme frappé au cœur : il la détache de lui lentement.) Mais vous ne répondez pas! Et vous êtes tout pâle! C'est vrai... il est tard. Je bavarde et l'heure passe. Bonne nuit, mon père ! (Elle lui tend son front à baiser et puis s'éloigne en se retournant pour lui sourire). Mon cher père!

Elle sort. — Lui, immobile, le regard fixe, s'assied et demeure en proie à une sorte de stupeur. — Martin entre.

SCÈNE VI

L'AMIRAL, MARTIN.

MARTIN.

Le commandant Richard demande si l'amiral peut le recevoir.

L'AMIRAL, toujours immobile.

Richard? ah!... qu'il vienne!

Martin sort.

SCÈNE VII

L'AMIRAL, RICHARD.

RICHARD.

On prend le quart à toute heure, à toute heure on dérange l'amiral!... J'ai vu de la lumière à toutes tes fenêtres et je croyais trouver encore du monde ici!... J'ai reçu, en rentrant chez moi, l'ordre de partir cette nuit, et je reviens chercher tes instructions.

L'AMIRAL.

Mes instructions?

RICHARD.

Tu m'as dit tout à l'heure que tu aurais des ordres à me donner.

L'AMIRAL.

Des ordres?

RICHARD.

Pour Toulon. Tu m'as recommandé, comme en service, de ne pas partir sans te voir...

L'AMIRAL.

Un ordre?... Ah! oui... Je ne sais plus!...

RICHARD, l'examinant, avec inquiétude.

Tu ne sais plus! Qu'as-tu, Kerguen?

L'AMIRAL.

Et comment dire ce que j'éprouve? — Il me semble que je viens de traverser, en songe, un fleuve mystérieux et terrible! Me voici sur l'autre rive... Celle que j'ai laissée était verte et fleurie... celle-ci est aride et désolée. Je ne l'avais jamais vue! — J'y suis seul.

RICHARD.

Tu me dis en effet des choses effrayantes! Que s'est-il donc passé?

L'AMIRAL.

Ce qui s'est passé! — Ah! Richard! — Aucune des volontés de l'époux n'arrivait au cœur de la femme! Je parlais, — et chaque réponse était une innocence. La petite âme, à peine en fleurs, toute tremblante, à chaque fois que j'y touchais, laissait tomber sur moi des candeurs et des puretés! Elle m'en a couvert! — Je la reverrai toujours en épousée, en blanc, sous sa couronne d'oranger. Richard, il m'a paru tout à coup que cette blancheur était un deuil, — oh! bien plus triste que le noir! — le deuil pâle des jeunesses qui meurent vierges!

RICHARD.

Que me dis-tu là?

L'AMIRAL.

« Bonne nuit, mon père!... » Quand elle a répété l'adieu de chaque soir, oh! comme tout à coup j'ai senti que je suis son père et que je ne pourrai jamais chuchoter à son oreille des paroles d'époux!... Bonne nuit, père!... c'est ta fille; tu as poussé sur elle les verrous et les grilles d'un odieux mariage! Tu l'as emprisonnée et tu resteras son gardien. Plus de liberté, pas d'amour : sa jeunesse passera sans joie. Tu as fait le bonheur de ta fille, bonne nuit, père!

RICHARD.

Ce que tu m'apprends là si brusquement me confond, mais surtout ton désespoir, qui m'effraie, me semble immodéré; je ne le conçois pas encore. Il y a beaucoup de ces mariages qui parurent d'abord un peu disproportionnés et qu'on a pu juger par la suite vraiment réussis, fort heureux!

L'AMIRAL.

C'est ma fille.

RICHARD.

Ta fille d'adoption! Le temps fait bien des choses. Un seul jour amènera bien des changements.

L'AMIRAL.

C'est ma fille!

RICHARD.

Il n'est pas un de nous qui ne connaisse un homme de ton âge fort heureux d'avoir épousé une jeune fille de l'âge de Smilis.

L'AMIRAL.

Mais celui-là ne l'avait pas tenue toute petite et bercée entre ses bras; il ne l'avait pas appelée Louise, du nom de sa fille morte; il n'avait pas, le soir, sur le bord du berceau, tenu ses mignonnes mains jointes pour la prière sur sa petite poitrine d'enfant; il n'avait pas formé son tendre esprit à l'obéissance confiante et absolue; il n'avait pas veillé quinze ans sur l'ignorance de son cœur, comme pour en abuser!... C'est ma fille, et je ne suis qu'un mauvais père!

RICHARD.

Tu l'as trop aimée, c'est vrai!...

L'AMIRAL.

Ah! mais toi, tu aurais pu me sauver de moi-même. Il fallait me conseiller, me brutaliser, m'éclairer.

RICHARD.

Tu m'aurais envoyé au diable!

L'AMIRAL.

C'est vrai... à tous les diables!... Ne l'ai-je pas fait, d'ailleurs, quand tu as paru seulement me soupçonner de penser au mariage!... Tes soupçons même m'ont encouragé, car tout chemin conduit où veut aller la passion! Je me disais : « Puisqu'on y pense, c'est donc possible! » Des raisonnements imbéciles m'ont bourdonné aux oreilles pendant vingt jours, le temps de la prendre pour femme... et alors... tu vois où j'en suis!...

RICHARD.

Alors, sacrebleu!... il aura suffi d'un sentiment pour tuer ton courage! Un soldat sera tombé pour avoir respiré un lis! Une fillette, avec deux paroles, peut renverser un homme de ta taille! et moi, forcé de partir, je vais te laisser à terre! Souviens-toi qu'un marin doit avoir la force d'âme... l'héroïsme en habitude! et rappelle ta volonté pour commander ta douleur!

L'AMIRAL.

...Elle pouvait avoir huit ans. Le jardinier lui était venu apporter un rouge-gorge pris de la veille. L'enfant le regarda tout le jour tristement, et, le soir, elle ouvrit la cage, elle prit dans sa main l'oiseau qui frémissait et le couvrit de baisers : « Je t'aime, je t'aime, » lui disait-elle, « et je voudrais bien te garder près de moi, dans ma chambre, où tu chanterais pour moi seule, pour moi toute seule ! mais ton nid t'attend, envole-toi ! » — Voilà ce que j'aurais dû faire, la couvrir de baisers d'adieu et la donner à l'amour!... Tu vois, Richard, c'est ma fille.

RICHARD.

Adieu, Kerguen. Il faut que je parte. Je vais au devoir!

L'AMIRAL, relevant la tête.

Au devoir!... Et tu pars sans m'avoir dit le mien!

Ils se serrent la main : Richard s'éloigne.

RICHARD, près de sortir, se retournant.

Au revoir, amiral!

L'amiral demeure accablé, la tête dans ses mains.

Rideau.

ACTE TROISIÈME

Un salon de la préfecture maritime de Toulon. — Piano à droite. — A gauche, une corbeille à ouvrage près de la table sur laquelle, au lever du rideau, l'amiral est en train d'écrire.

SCÈNE PREMIÈRE

L'AMIRAL, DEUX LIEUTENANTS DE VAISSEAU attendant ses ordres, MARTIN.

MARTIN, remettant une lettre à l'amiral.

Amiral!

L'AMIRAL, ayant ouvert la lettre.

Ah! messieurs, on m'annonce que l'escadre doit rentrer demain. (A Martin.) Martin, va prévenir M. le lieutenant de vaisseau Georges Richard, que j'ai à lui parler, ici.

MARTIN.

Oui, amiral.

Martin sort.

L'AMIRAL, à l'un des officiers.

Vous, monsieur, priez M. le commissaire général de venir me parler; nous aurons des dispositions à prendre pour le ravitaillement de l'escadre.

PREMIER OFFICIER.

Bien, amiral.

Il sort.

L'AMIRAL, au second officier.

Et vous, monsieur, avertissez M. Raynal, le directeur du service de santé, qu'il avise à recevoir vingt hommes malades.

L'OFFICIER.

Oui, amiral.

Il sort.

SCÈNE II

L'AMIRAL, MARTIN, entrant.

L'AMIRAL.

Eh bien! Martin, M. Georges?

MARTIN.

M. Georges Richard s'est rendu ce matin par votre ordre à bord de la *Victorieuse*. Il n'est pas rentré.

L'AMIRAL.

Comment! pas rentré à cette heure-ci! C'est singulier!... Mais j'ai à transmettre moi-même quelques ordres essentiels... Je sors un instant et je m'informerai... S'il rentre avant moi, dis-lui que je l'autorise à passer la journée ici avec son oncle, le commandant Richard. Tu viendras l'appeler pour les questions de service... Tu m'entends?...

MARTIN.

Amiral!...

L'AMIRAL.

N'oublie pas!... Depuis quelques jours tu me parais manquer souvent de mémoire!

Il sort.

SCÈNE III

MARTIN, *seul.*

N'oublie pas! n'oublie pas!... Comme ça, c'est moi qui suis chargé de l'installer ici, le jeune homme!... On ne peut pourtant pas refuser le service!... Après ça, il n'est jamais bien loin, puisque c'est l'aide de camp. — « Martin, que fait-elle? Que dit-elle, Martin?... Monsieur le chef de musique, vous jouerez demain ceci ou cela... » Les airs favoris de Smilis!... Et voilà six mois que ça dure... depuis que nous sommes à Toulon, ici, à la préfecture... (*Il ferme violemment le piano; un objet se brise.*) Ah! bon, encore!... C'est un brave jeune homme, c'est vrai, et il ne peut pas me venir dans la tète qu'il ait une mauvaise pensée, mais si j'étais l'amiral, je vous lui ferais signer tout de même un bon ordre d'embarquement pour tout là-bas... ou pour les Antilles... c'est plus loin!... Nous sommes deux à l'aimer, mon idée est que nous sommes assez... nous sommes deux, nous sommes assez, c'est mon idée! Qu'est-ce que c'est que ça? Un livre nouveau choisi par M. Georges! Et ça? Un éventail dessiné par M. Georges!... Et ça? Une bourse qu'on tricote apparemment pour M. Georges! (*Il bouscule la corbeille à ouvrage.*) Je lui en avais donné une, moi, de bourse... Est-ce qu'on sait seulement ce qu'elle en a fait! « Mais, Martin, ça n'était pas une bourse!... » Dame!... ça, c'est possible... je m'étais fié aux gens du bagne qui me l'avaient vendue comme une bourse... (*Saisissant dans la corbeille un écheveau de soie.*) Ah! ah! en voilà encore un!... Toutes les fois qu'il y a un de ces paquets de ficelle à dérouler, on vous le pose sur les bras de M. l'aide de camp... et ça fait des badinages, des histoires à n'en plus finir! (*Il dispose l'écheveau autour du dossier du fauteuil.*) Aussi, quand j'en vois un à la traîne, tout paré pour la manœuvre, (Il dévide en tournant autour du fauteuil.) je m'en charge! C'est long... ça dépasse vingt brasses!...

SCÈNE IV

MARTIN, SMILIS.

SMILIS, entrant.

Mais qu'est-ce que tu fais là, Martin?... Je t'ai bien dit de ne jamais toucher à mes ouvrages!

MARTIN.

Ça n'est pas les ouvrages, puisque c'est le fil. Au surplus ça va être fini... encore quelques tours...

Il chante.

Marin, vire, vire, vire,
Marin, vire au cabestan.

(Smilis fait un mouvement d'impatience.) On peut aller plus vite!

Il tourne au pas de course en dévidant et en chantant.

Marin, vire, vire, vire,
Vire, vire au cabestan!

Ça me connaît... ça me connaît!

SMILIS.

Tu es insupportable, Martin... tu vas encore casser mon fil! Laisse donc ça! — Au lieu de tout déranger ici, tu ferais mieux d'aller voir si le maître d'hôtel fait bien les choses comme je les ai commandées.

Smilis va au piano et feuillette des cahiers de musique.

MARTIN, bourru.

Je lui ai dit ce que vous voulez... il n'était pas content...

SMILIS.

Pas content?... Est-ce qu'il va faire comme toi, qui n'es plus jamais content? On te surprend toujours à parler seul tout haut, ou à gronder entre tes dents!

MARTIN, à part.

Il y a des choses qui font qu'on radote avant l'âge.

SMILIS.

Enfin, qu'a-t-il dit, le maître d'hôtel?

MARTIN.

Il a dit : « Le dîner n'était donc pas bon hier soir? »

SMILIS, revenant.

Mais hier soir, Martin, ce n'était pas un dîner, puisque c'était le dîner de tous les jours... on a gardé le commandant Richard qui arrivait après une absence de six mois, mais on ne l'avait pas invité à l'avance... tandis qu'il faut aujourd'hui tuer le veau gras en son honneur, entends-tu?

MARTIN.

J'entends bien, j'entends bien... (A part.) Et puis, M. l'aide de camp sera de la fête! (Haut.) Qu'est-ce qu'il faut dire au maître d'hôtel?

SMILIS.

A son retour appelle-moi... J'irai lui parler... cela vaudra mieux.

MARTIN.

Je n'ai donc plus assez d'esprit pour répéter les ordres qu'on me donne, moi?

SMILIS.

Eh bien, qui est-ce qui commande à bord, Martin? Est-ce l'amiral ou le matelot?

Elle remonte et prélude au piano.

MARTIN.

C'est bon, c'est bon... On obéira!

Il va pour sortir, mais s'arrête comme charmé dès qu'elle commence à chanter.

SMILIS, chantant au piano.

Caille, petite caille,
Que fais-tu là?
Je fais comme les autres,
Je fais mon nid!
Ah! ah! ah! ah! ah!
Je fais mon nid!

MARTIN.

Ce n'est pas moi qui la lui ai apprise, celle-là, c'est le jeune!...

SMILIS, chantant.

Ont bien tiré à trente,
N'ont rien tué.

MARTIN.

C'est une fauvette!

SMILIS, chantant.

N'a rien que la mignonne
Qu'ils l'ont blessée,
Ah! ah! ah! ah! ah!
Qu'ils l'ont blessée!

MARTIN, brusquement.

J'aime mieux m'en aller, moi, que d'entendre les chansons des autres!

Il sort.

SCÈNE V

SMILIS, puis GEORGES.

SMILIS, chantant.

« Hélas! pauvre mignonne,
Vous ont fait mal? »

Georges entre et s'arrête un instant près du seuil à écouter.

— « Un petit peu, pas guère,
Mais j'en mourrai!
Ah! ah! ah! ah! ah!
Mais j'en mourrai! »

Elle essuie une larme en silence.

GEORGES, *s'avançant.*

Madame, l'amiral m'a fait dire de venir ici, et je pensais le trouver avec mon oncle... Vous pleurez! Pourquoi cela? Qu'avez-vous?

SMILIS.

Non, je ne pleure pas, voyez... Une tristesse qui me prend quelquefois... Cette chanson m'attriste toujours... Ce n'est rien, monsieur Georges!

GEORGES.

Vous êtes si gaie d'ordinaire!

SMILIS.

Je parais toujours gaie... Vous avez surpris ma tristesse... je ne vous l'aurais pas confiée, je ne l'ai confiée à personne, — à personne!... Oh! je suis forte!

GEORGES.

Mais à présent que j'ai surpris votre chagrin, ne voulez-vous pas m'en dire la cause?... On se console en parlant.

SMILIS.

La cause?... C'est que... je ne sais pas bien... Depuis quelque temps, je ne peux m'empêcher de penser à mon pays... que je ne connais pas... et j'y pense... j'y pense des heures entières!... Je cherche à me le figurer, la nuit, assise sur mon hamac... Je me berce, et cela me fait songer à la mer.— Elle ne m'a jamais semblé un obstacle qui me sépare des autres rivages, mais au contraire un large chemin bleu qui mène partout où je voudrais aller.

GEORGES.

Où donc voudriez-vous aller?

SMILIS.

Là-bas, — là-bas, sur le rivage où l'on m'a trouvée toute petite... Il me semble par moments que quelqu'un m'y attend! — Et vous ne savez pas?... je me cache quelquefois pour pleurer!

GEORGES.

Il faut dire cela à l'amiral!

SMILIS.

Oh! non, non!... surtout ne lui en parlez jamais!

GEORGES.

Pourquoi cela?

SMILIS.

Jamais, entendez-vous? C'est un secret! songez donc! Lui qui veut avant tout rendre la maison joyeuse pour moi, s'il savait que je m'y ennuie! car je m'ennuie! Le monde me déplaît à présent; autrefois, à Paris, c'était bien différent; oui, tout est bien changé autour de moi! Martin lui-même n'a plus sa bonne humeur... Plus de taquineries, plus de bons rires... Si, pourtant, quelquefois... quand vous êtes là... mais ce n'est plus la même chose... Ce n'est plus, comment dirai-je? ce n'est plus de l'insouciance... C'est peut-être là ce qu'on appelle vieillir... (Riant.) Nous vieillissons!

GEORGES.

Vous regrettez Paris?

SMILIS, vivement.

Non!... j'aime mieux ici, et pourtant j'étais plus joyeuse là-bas!

GEORGES, souriant.

Allons, vous êtes capricieuse!

SMILIS.

Oh! non... il ne faudrait pas croire cela! Je vais vous

expliquer... je vais tâcher, du moins: — Je vous ai dit par exemple que je rêve souvent à mon pays, que je n'y pensais pas ainsi autrefois, et que c'est un chagrin tout nouveau pour moi de me dire : « Je ne le verrai peut-être jamais ! » Oui, mais, du moins, en le regrettant, je le vois dans mon cœur où vos récits l'ont fait vivre... et cela, malgré le regret, c'est un bonheur que je ne connaissais pas, — un bonheur... triste.

GEORGES.

Enfin, vous aimez votre tristesse?

SMILIS.

Tiens!... peut-être! Je n'avais jamais pensé à cela... Comme vous pénétrez bien jusqu'au fond de l'âme! Oui, voilà peut-être ce qui fait que j'aime tant à être seule. On est mieux seule pour penser. Oh! près de vous, c'est différent, vous comprenez tout si bien! Et puis, vous êtes si bon! Vous pensez toujours à tout ce qui peut me faire plaisir, aux livres, à la musique, à la promenade, et je me dis quelquefois : « Si monsieur Georges nous quittait! s'il recevait l'ordre de partir! » Et voyez-vous, c'est une idée que je ne peux pas supporter.

GEORGES, *froidement.*

Il n'est pas question de mon départ... Voulez-vous que nous fassions un peu de musique ensemble?

SMILIS.

Non, monsieur Georges.

GEORGES.

Essayez!

SMILIS.

Je crois que je ne pourrais plus chanter.

GEORGES.

Alors, voulez-vous que je vous lise une page de ce livre?

SMILIS.

Non, monsieur Georges, j'aime mieux causer. (Il va pour sortir.) Est-ce que vous me quittez? Vous me laisseriez à ma tristesse? Ah! je suis malheureuse!

Elle pleure.

GEORGES.

Ne pleurez pas... ne pleurez pas ainsi. Je serais faible devant vos larmes. Ne pleurez pas!

SMILIS.

Que voulez-vous dire? Faible, vous! Les larmes, la faiblesse, cela est d'une femme, cela est d'une enfant comme moi!... Je sais bien que vous êtes fort et brave, au contraire! Je sais bien que la grande mer, — qui entoure ma patrie perdue, — n'a pas de meilleur soldat que vous! C'est ce qui fait que je vous admire.

GEORGES.

Adieu!

SMILIS.

Oh! non! pas encore! Restez encore un peu!

GEORGES, revenant.

Ecoutez-moi... Il ne faut plus être malheureuse, entendez-vous? Il faut dire à l'amiral que vous désirez faire un beau voyage... vous en aller là-bas, dans votre patrie! Il peut quitter la préfecture, la marine même. Qu'a-t-il besoin de grades et d'honneurs, celui qui vous possède? Ne vous doit-il pas le repos, les consolations, un peu de bonheur? Ici l'ennui vous tuera... Dites-le lui... Dites-lui de vous emmener, que vous le voulez... qu'il le faut! Dites-lui, dites-lui... tout ce que vous m'avez dit à moi!... Adieu!...

SCÈNE VI

LES MÊMES, RICHARD.

RICHARD.

Bonjour, mes enfants!

GEORGES.

Bonjour, mon oncle.

SMILIS.

Enfin, vous voilà, commandant! Quel plaisir de vous voir!

RICHARD.

J'arrive un peu tard, madame; je vous demande pardon... Et Kerguen?... Il n'est pas là?

GEORGES.

Il va venir, mon oncle.

SMILIS.

Vous m'aviez promis cependant de venir de bonne heure, car nous n'avons pas eu le temps de causer beaucoup hier soir; — allons, asseyez-vous là, commandant, et parlons, s'il vous plaît, de vos six mois d'absence.

RICHARD.

C'est moi qui écoute, madame.

SMILIS.

Oh! pas « madame! » — Smilis!

RICHARD.

Eh bien, Smilis!... Comment avez-vous passé tout ce temps-là?

SMILIS.

Comme à Paris, la dernière année. Nous donnons des

fêtes, beaucoup de fêtes! Eh bien, s'il faut le dire, j'aimerais mieux naviguer!

RICHARD, riant.

Ah! ah! Et l'amiral, lui, est-ce qu'il aimerait mieux naviguer?...

SMILIS.

L'amiral travaille beaucoup... il est fatigué... Le médecin m'a dit plusieurs fois de l'engager à prendre du repos; mais, lui, le travail le distrait... quand il ne travaille pas, alors, il est vraiment malade.

RICHARD.

Il s'est remis, m'a-t-il dit, à ses travaux de savant?

SMILIS.

Oui, et M. Georges s'y intéresse, mais Martin, qui doit mettre en ordre le laboratoire, n'est pas content du tout: il dit que ça n'est pas son métier.

RICHARD.

Pauvre Martin!

SMILIS.

Et il a bien un peu raison! Le métier d'un marin, c'est de courir les mers! — Contez-moi votre voyage, commandant?

RICHARD.

Je suis allé et je suis revenu, voilà tout. Ça n'est pas très intéressant!

SMILIS.

Comment! pas une petite tempête! pas un homme à la mer, sauvé comme par miracle!

RICHARD.

Non, rien de tout cela! Pas la moindre aventure!

SMILIS.

Ah! c'est dommage! j'aime tant les récits de mer!

M. Georges, qui les conte fort bien, prétend m'avoir redit tous ceux qu'il connaissait! — Ah! quel beau métier que le vôtre, et quels braves gens que tous vos matelots, toujours en péril, et toujours de bonne humeur! Si souvent perchés là-haut, dans les cordes, par tous les temps, là-haut, près du pavillon!... Savez-vous, commandant, ce qui me plait le plus à bord?

RICHARD.

Je ne devine pas.

SMILIS.

C'est le salut des couleurs, le soir, au soleil couchant. Je ne peux jamais y penser sans émotion, sans revoir tout en détail. — « Capitaine, il est temps de rentrer les couleurs. » — « Attention pour les couleurs! » (Se levant.) Alors tout le monde se découvre; tous les mouvements commencés s'arrêtent; tous les regards s'élèvent, fixés sur le pavillon... « Envoyez! » — Coups de clairon; coups de fusil; on entend le canon du port... Les couleurs descendent lentement le long du mât jusque sur le pont; — et cela veut dire : encore un jour accompli! que la nuit soit bonne aux matelots! Et bienheureux ceux-là qui peuvent saluer, avec les couleurs de la patrie, — le soleil de la patrie!

RICHARD, à Georges.

Voilà pourtant des choses dont nous ne sommes plus émus, nous autres, à force de les voir.

GEORGES.

C'est vrai!

SMILIS, gaîment.

Tiens, mais au fait, monsieur Georges, vous êtes encore là! vous étiez si pressé de me quitter tout à l'heure quand j'étais toute seule! A présent que j'ai votre oncle, je ne vous retiens plus.

RICHARD.

Comment! c'est pour moi que tu es resté, mon garçon? Ne te gêne pas! va à tes affaires.

SCÈNE VII

LES MÊMES, MARTIN.

MARTIN, doucement, à Smilis.

Le maître d'hôtel attend .. (A Georges, avec rudesse.) Capitaine, pour le service!

Il sort.

SCÈNE VIII

RICHARD, SMILIS, GEORGES.

RICHARD, riant à Smilis.

C'est donc vous le chef de gamelle?

SMILIS.

Tout ici, commandant, est sous mes ordres absolus... Je suis reine à mon bord! A nos postes, messieurs!

Elle sort.

SCÈNE IX

RICHARD, GEORGES.

GEORGES.

A tout à l'heure, mon oncle.

RICHARD, le retenant.

Ah ça! dis-moi, tu vois le danger?

GEORGES.

Que voulez-vous dire, mon oncle?

RICHARD.

La franchise avant tout!... Tu me comprends, mordieu! et je suis un vieux loup!... Je signale l'écueil!

GEORGES.

Vous me faites injure, mon oncle.

RICHARD.

Le cœur est droit, je le sais, l'honneur est fort, mais le vent qui peut se lever est plus fort que tout! L'amiral est un frère pour moi, c'est pour toi un ami, un bienfaiteur... Ouvre l'œil, mon garçon.

GEORGES.

Je n'ai jamais manqué à mon devoir, mon oncle; je n'y manquerai jamais en aucun cas, soyez tranquille.

RICHARD.

Oui, je suis sûr de toi; mais un homme averti...

GEORGES, impatienté.

Je m'étais averti moi-même... vous auriez bien dû le penser!

RICHARD.

Bon! J'aime mieux encore avoir vu de mes yeux combien le doute seul t'offense!

GEORGES.

Tenez, rassurez-vous entièrement, mon oncle; il y a une chose que tout honnête homme doit s'imposer à lui-même : c'est le respect pour l'époux confiant... Il y a une chose, qui, d'elle-même, s'impose à tout le monde : c'est le respect pour une enfant sans défense!

RICHARD, lui tendant la main.

Je te demande pardon!

SCÈNE X

LES MÊMES, L'AMIRAL.

L'AMIRAL, à Georges.

Ah! vous voilà, monsieur? Attendez un peu. — Bonjour, Richard!...

RICHARD.

Qu'y a-t-il, Kerguen?

L'AMIRAL.

Il y a que j'ai encore à le féliciter! Ce matin, à bord de la *Victorieuse*, où il est allé, de ma part, voir le commandant... on visitait la soute aux poudres... quand tout à coup un accident... un commencement d'incendie .. Enfin, grâce à lui, ça n'a rien été... mais il est blessé.

RICHARD.

Blessé!... gravement?

GEORGES.

Voilà de mes légendes! Je n'ai rien du tout, mon oncle... et je n'ai rien fait, amiral... Un matelot tombe... un fanal se brise... la mèche pétille. Machinalement mes hommes reculent... Je leur dis : « Imbéciles! quand on a peur du feu, il faut vite l'éteindre! » Et de fait, j'ai éteint, (Riant.) parce que j'avais peur!

Il sort.

SCÈNE XI

L'AMIRAL, RICHARD.

L'AMIRAL.

Il a beau dire!... c'était grave. Il a fallu une présence d'esprit, une possession de soi-même...

RICHARD.

C'est un bon garçon, mais puisqu'il n'est pas mort, parlons d'autre chose... parlons de toi!... A chaque instant nous perdons de vue, nous autres marins, ce qui nous touche le plus! Ah! tu m'avais glacé le sang dans les veines, la nuit où je te dis adieu! Tu avais une fièvre, une exaltation!

L'AMIRAL, tranquillement.

...Dont je souris, quand j'y pense! Que l'homme est un étrange animal! De combien de manières différentes il peut voir une même chose! Etais-je assez hors de moi!... Et c'est toi qui avais raison. Tu fis appel aux habitudes d'énergie du marin, à ma volonté... et, tu vois, la ferme raison a pris en moi le dessus!...

RICHARD, un peu surpris.

Je te félicite!

L'AMIRAL.

Nous arrivâmes ici peu de jours après le mariage.

RICHARD.

J'étais parti avec mon commandement.

L'AMIRAL.

Je me mis au travail, qui est la grande consolaion... Je ne veux pas laisser à mon esprit le temps de s'inquiéter sans mesure d'une situation qui, en fin de compte, ne peut pas être changée, n'est-ce pas?

RICHARD.

A la bonne heure!

L'AMIRAL.

Tu avais tout à fait raison... Ces mariages-là, quant aux apparences, sont assez communs, et personne ne songe à me reprocher le mien!... Et, quant au fond, il ne manque pas de filles qui ne se marient point et ne s'en trouvent pas plus malheureuses!...

RICHARD.

Assurément!

L'AMIRAL.

Smilis est encore une enfant... Suppose qu'il me reste à vivre une dizaine d'années, car je ne suis après tout, moi, qu'un vieux soldat, fatigué par les campagnes, couvert de blessures, et puis, vois-tu, mon cher, le cœur est atteint, j'ai averti le docteur... Eh bien, à vingt-six ans, elle sera encore la plus délicieuse des créatures, et, de son apparent veuvage, elle aura gagné un charme de plus, voilà tout! N'est-ce pas ainsi que tu me voulais?

RICHARD.

Si fait, si fait! J'aime entendre un homme parler ainsi!

L'AMIRAL.

Tiens, voici le symbole : mon anneau, regarde; j'y ai fait enchâsser une pierre précieuse et ce n'est plus un anneau de mariage, ce n'est qu'un bijou!

RICHARD.

Oui! Et tu ne t'inquiètes pas autrement?

L'AMIRAL, le regardant avec attention.

Est-ce que, dans ton cœur, tu me désapprouves?

RICHARD.

Quelle idée!

L'AMIRAL.

Alors, qu'as-tu? tu as l'air tout drôle!

RICHARD.

Mon Dieu, je ne sais pas! J'en étais encore à ton désespoir, moi... et j'éprouve une certaine surprise. . une surprise heureuse...

L'AMIRAL, *gouailleur.*

Eh! eh! voilà bien les hommes! Je parie que tu te disais encore : ce pauvre ami! à son âge! prendre ainsi les choses! avec cette violence tragique! Tu me croyais encore dans les affres de la passion, hein? et tu apprêtais les conseils, les bonnes paroles... tu comptais me parler de l'héroïsme marin... de Navarin peut-être, et d'Aboukir!... Comme si les combats de la guerre pouvaient se comparer aux luttes intérieures! — Et te voilà tout désappointé.

RICHARD.

Désappointé, non!

L'AMIRAL.

Non?

RICHARD.

Eh bien! oui... désappointé en effet, dans mes prévisions, car je croyais te connaître, entêté comme un Breton que tu es, incapable de changer de ligne quand une fois tu as mis le cap sur une idée.

L'AMIRAL.

Enfin, tu t'étonnes de me voir revenu à des idées raisonnables, aux sentiments moyens, en un mot?

RICHARD.

Il y a de cela!

L'AMIRAL, le regardant fixement.

Sois franc jusqu'au bout! Tu m'aimais mieux autrement?

RICHARD.

Tu es absurde!

L'AMIRAL.

L'homme est si étrange!

RICHARD.

Tu es loin de la vérité!

L'AMIRAL.

Il y a donc quelque chose?

RICHARD.

Peut-être!

L'AMIRAL.

Et quoi, enfin? Je ne te savais pas si timide!

RICHARD.

C'est que... je ne sais si je dois...

L'AMIRAL.

Tu peux... tu dois tout dire.

RICHARD.

Eh bien, je ne voudrais pas te voir revenir brusquement d'une exaltation inutile...

L'AMIRAL.

Brusquement? Tu as eu le temps de revenir de Chine, toi!

RICHARD, poursuivant.

...A une tranquillité parfaite, à une sécurité aveugle!... Quand, mari d'une jeune femme, on prodigue, comme tu le fais, les soirées et les fêtes, quand on rassemble autour de soi... chez soi...

L'AMIRAL.

Enragé donneur de conseils, va!... Voilà donc où tu voulais en venir! et voilà ce que tu me proposes! Emprisonner la pauvre pupille! La rendre malade d'ennui... être barbare toute la vie, parce qu'on a été une heure, un jour, un pauvre père égaré par cette folie qui a nom : « la jalousie »! voilà tes idées, n'est-ce pas?...

RICHARD.

Tu travestis ma pensée, pour mieux la combattre!

L'AMIRAL.

Voici les miennes: Smilis est demeurée la plus exquise, la plus naïve des enfants! Mais si j'avais l'air de vouloir écarter d'elle le monde, un danger imaginaire, j'éveillerais sa curiosité... Pas de fruit défendu : visites, soirées, bals, promenades. Cent jeunes hommes se coudoient dans mes salons. Si elle n'en voyait aucun, le premier venu pourrait lui plaire, tandis qu'on ne peut pas trahir un vieux bonhomme de père comme moi!

RICHARD.

Oui, oui, j'entends, tu comptes sur l'innocence, sur la candeur, — et c'est bien ce qui me fait peur! L'innocence est désarmée... Elle aimera... avec candeur, voilà tout! Il faut veiller, toujours veiller, par tous les temps, sur toutes les mers!... Comment peux-tu, toi, un marin pratique?...

L'AMIRAL, impatienté.

Eh! comment peux-tu, toi, un esprit rigoureux, discuter si longtemps, en vue d'un fait à venir, — trop possible hélas! — mais incertain, et dont la seule idée, Richard, m'est cruelle? J'aviserai quand il le faudra, s'il le faut jamais!

RICHARD.

Si j'ai cru pouvoir te parler ainsi, c'est que tu me l'avais permis.

L'AMIRAL.

Tu avais un motif?

Il le regarde attentivement.

RICHARD.

... Je t'ai parlé, Kerguen, avec trop d'insistance, peut-être, du droit seul de l'amitié qui veut tout prévoir, mais qui n'a rien vu!...

SCÈNE XII

LES MÊMES, MARTIN.

MARTIN, entrant de droite.

Amiral, le laboratoire est prêt.

L'AMIRAL, à Richard.

Viens-tu? Je veux t'expliquer mes expériences, tu sais, qui intéressent la marine. (S'arrêtant devant Martin.) Qu'est-ce que tu as donc, toi? Je parie que tu as encore cassé quelque chose?

MARTIN, consterné.

Oui, amiral!

L'AMIRAL, riant.

Eh bien! tu ne devrais pas te troubler pour ça, puisque c'est dans tes habitudes.

Il sort avec Richard.

SCÈNE XIII

MARTIN, seul.

Mais aussi! ça n'est pas un métier de marin! l'alchimie!

un laboratoire! Des cornues et des biscornues! un tas de pistolets de verres qui vous éclatent dans les doigts! — Et puis, il avait bien besoin, ce jeune homme, d'éteindre à lui tout seul un incendie à bord! On ne parlera plus que de ça tout à l'heure!

SCÈNE XIV

MARTIN, SMILIS.

SMILIS, entrant.

Martin, Martin, est-ce vrai tout ce que raconte là, au maître d'hôtel, ce matelot de *la Victorieuse?*

MARTIN.

Je ne sais pas... je ne sais pas ce que vous voulez dire.

SMILIS.

Ce matin, à bord? l'incendie?

MARTIN.

L'incendie?... Ah! oui! un fanal qui tombe et qui s'éteint en tombant. La vareuse d'un homme avait pris feu, et il y avait là un petit baril de poudre à moitié ouvert... Ça a fait peur aux autres, parce que, sur le moment, c'est naturel, on ne réfléchit pas... Alors, M. Georges leur a dit : « Vous êtes tous des imbéciles », ce qui n'était pas malin à trouver, vu que c'était juste!...

SCÈNE XV

LES MÊMES, GEORGES.

SMILIS.

Ah! monsieur Georges!

GEORGES.

Qu'y a-t-il, Madame? qu'avez-vous?

MARTIN.

Oh! ce n'est rien... l'histoire du fanal! Je lui expliquais que ça n'est pas une affaire, d'éteindre un fanal!... Et puis, pour une égratignure! (Il regarde Georges de travers et murmure entre ses dents :) Il n'y a véritablement pas là de quoi faire des embarras!

SMILIS.

M. Georges est trop bon de souffrir si souvent vos boutades et votre mauvaise humeur. Sortez, Martin!

MARTIN.

C'est bon!...

Il sort.

SCÈNE XVI

SMILIS, GEORGES.

SMILIS.

Ah! monsieur Georges! est-il possible! Pourquoi ne m'avez-vous rien dit?

GEORGES.

Il n'y avait là rien à raconter.

SMILIS.

Rien à raconter? Cet affreux danger! et ce beau courage! Dieu! je tremble encore rien que d'y penser!

GEORGES.

Tout autre à ma place...

SMILIS.

Eh! qu'importe un autre! Ah! que j'ai eu peur!...

Comme si la chose se passait devant moi! Cette poudrière sous vos pieds... cet homme, fou d'épouvante, les vêtements en feu!... Et vous avez été blessé?

GEORGES.

Non, non.

SMILIS, prenant à Georges sa main blessée qu'il s'efforce de retirer.

Du sang! (Elle chancelle en murmurant :) Il est blessé!

Georges la soutient dans ses bras; elle ferme à demi les yeux; Georges, irrésistiblement attiré, effleure de ses lèvres les cheveux de Smilis qui revient alors brusquement à elle, se détache de lui, le regarde, et s'enfuit aussitôt comme épouvantée par l'amour qui vient de lui être révélé.

SCÈNE XVII

GEORGES.

GEORGES, seul.

Ah!... Et moi... moi, qui tout à l'heure encore me croyais si sûr de moi-même!... (Avec un geste de désespoir.) Ah!...

SCÈNE XVIII

GEORGES, L'AMIRAL.

L'AMIRAL.

Mon cher Georges, vous irez tout à l'heure, à l'état major de la flotte... Mais, qu'avez-vous donc, mon ami?...

GEORGES.

Pardonnez-moi, amiral... je ne sais... je...

L'AMIRAL, vivement.

Est-ce quelque chagrin, et ne puis-je vous aider, ne fût-ce que d'un conseil ?

GEORGES, prenant une résolution.

Amiral, ma loyauté se doit toute à la vôtre!...

L'AMIRAL.

Je ne vous comprends pas !

GEORGES.

Si j'étais libre de vous quitter, ce serait fait; mais mon devoir d'officier m'attache à vos côtés; vous seul pouvez me délier...

L'AMIRAL.

Expliquez-vous.

GEORGES.

Amiral, on n'est pas maitre de ses sentiments... J'aime votre femme !

Georges attend la réponse de l'amiral, — debout au milieu de la scène. L'amiral, qui a reçu l'aveu de Georges avec un mouvement de douleur et de colère aussitôt réprimé, demeure un instant immobile, puis se promène quelque temps d'un bout à l'autre de la scène comme un officier sur la dunette, les mains derrière le dos.

L'AMIRAL, avec le ton ferme et calme du commandement.

Monsieur le lieutenant de vaisseau, vous irez à cinq heures à l'état-major de la flotte, vous transmettrez les ordres pour demain, tels que nous les avons réglés... On devra faire préparer les postes de mouillage pour les six navires de l'escadre qui entreront en rade demain matin à cinq heures... Le pavillon amiral flottera sur l'*Atalante*, où se trouve l'amiral Clément... J'accepte pour demain l'invitation de l'amiral et je me rendrai à son bord, accompagné du commandant Richard et de vous... Allez.

Rideau.

ACTE QUATRIÈME

La scène représente la terrasse d'une villa sur les falaises de Sainte-Marguerite, en Provence, près de Toulon ; la mer au fond. — Pins et lauriers roses. — C'est le soir, un peu avant le coucher du soleil. — On aperçoit au fond à droite la presqu'île de Saint-Mandrier ; au fond, à gauche, la pleine mer. — A droite, au premier plan, le perron de la villa. — Tables et sièges de jardin. — Entre deux pins, à gauche, est suspendu le hamac de Smilis. — Au lever du rideau elle s'y balance en chantant à demi-voix.

SCÈNE PREMIÈRE

SMILIS, MARTIN, qui balance le hamac.

SMILIS, chantant.

Il fit monter la belle
Sur un vaisseau tout d'or...
Ah ! berce ! berce ! ah ! berce encor,
Dit-elle,
Dit-elle.

MARTIN.

Est-ce que vous la trouvez bien gaie, cette chanson, pour la répéter si souvent depuis ce matin ?... Toutes celles que vous choisissez sont toujours faites pour porter le diable en terre.

SMILIS.

Ah ! berce, berce et chante
Le nom de mon ami.
Hélas ! tu me l'as endormi,
Méchante,
Méchante !

MARTIN.

Vous en parliez assez souvent, autrefois, des bois, des fleurs, de la mer !... Eh bien ! la voilà, la mer, et le reste ! Et Dieu merci, c'est assez joli ! Et, elle est assez près, la mer !... Et cette terrasse ! un vrai balcon au-dessus de l'eau ! et à une belle hauteur ! Tellement qu'on se croirait dans le royaume du père La Lune, autrement dit le haut de la mâture ! Il y pourtant là de quoi se distraire, rien qu'à regarder !... Des chansons, vous en savez trop, et de tant vous répéter ce qu'elles racontent, cela vous entretient dans vos rêveries de malade. L'amiral le dit : il a raison.

SMILIS.

Je veux, n'ayant au monde
Que mon chagrin d'amour,
Je veux m'endormir à mon tour,
Sous l'onde,
Sous l'onde !

Celle-là, c'est toi qui me l'as apprise. (Elle se lève, aidée de Martin). Ne m'as-tu pas conté que c'est avec ces couplets que tu essayas de m'endormir pour la première fois, quand j'étais toute petite.

MARTIN.

J'en conviens, j'en conviens ! Ça n'est peut-être pas une raison pour la chanter aujourd'hui à tout propos ! Il y a des moments où les chansons deviennent plus tristes, parce qu'elles semblent se rapporter aux gens qui les disent... Votre santé inquiète l'amiral ; moi, la sienne aussi me tourmente! Depuis plus d'un mois que nous sommes à la campagne, vous êtes là tous deux à regarder la mer comme des gens à qui elle a tout pris, et qui attendent sur le bord un bateau qui ne reviendra jamais!... Voilà pourquoi je n'aime pas vos chansons!

SMILIS.

Tu deviens bien méchant pour moi, Martin. Voilà que tu me reprends mes chansons, à présent.

MARTIN.

Moi! je reprends quelque chose!... Moi, je serais méchant pour vous!... Je ne vous reprends rien; chantez! chantez! Le bon Dieu m'est témoin que je me jetterais à la mer pour vous aller pêcher les étoiles!... Quant à les rapporter, par exemple, c'est une autre affaire! après tout, voilà l'histoire : il n'y en a pas d'autre! on ne sait jamais ce que vous voulez! l'impossible, quoi! des bêtises!... Moi, je fais ce que je peux.

Il s'éloigne comme pour sortir.

SMILIS.

C'est vrai, Martin; aussi, je t'aime!...

MARTIN, s'arrêtant.

Le voilà, le mot qui fait tout faire... même les grosses bêtises. (Revenant.) Tenez, quand on est jeune, on croit que c'est difficile de mourir et même impossible!... mais regardez la grosse madame Nerval : elle semblait d'assez forte santé, celle-là! Eh bien! elle a passé! C'est pour dire qu'on meurt; que c'est dans les choses possibles, et que vous devriez bien — pour vous-même et aussi pour lui, — être un peu plus souvent de bonne humeur.

SMILIS.

Tu as raison, Martin, mais comment faire?

MARTIN.

Comment faire?... Il y avait pourtant des gens qui

avaient la bonne chance de vous voir sourire, dès qu'ils arrivaient, du temps que nous étions à la Préfecture... Pour ceux-là, on savait sourire, — des yeux et de la bouche! on n'avait pas besoin de s'apprendre à l'avance!... Seulement, ils ne viennent pas ici, ceux-là. Il paraît qu'ils ont leurs raisons; ils se font toutes les semaines excuser par leur oncle... Il y a beaucoup de travail à la Préfecture! ...Mais l'oncle vient, et, comme c'est l'oncle, c'est déjà un grand bonheur, et on sait lui sourire, à lui, dès qu'on l'aperçoit au bout de l'allée!...

SMILIS, se levant.

Martin!

MARTIN.

Martin! Cette vieille bête de Martin se fait entendre, à ce que je vois!... On est ici avec les deux vieux et on s'ennuie! Les vieux sont devenus ennuyeux et on ne le leur cache pas! Oh! pour moi, ça m'est égal, — quoique ça me soit pénible. On s'habitue. Mais l'autre, vous n'y pensez donc pas? Il est malade! Les médecins disent : il travaille trop! et je dis, moi, que ça doit être aussi un peu pour oublier, en travaillant, le chagrin qui est en lui.

SMILIS.

Crois-tu cela, vraiment?

MARTIN.

Je ne dis pas que je le crois, mais enfin! c'est bon à vous dire!... Et, dans le temps qu'il se fait du mauvais sang en pensant à vous, je m'en fais, moi, en pensant à lui! Car il ne faut pas croire que je n'aime plus que vous toute seule! J'ai les deux à aimer, moi! Oui, moi, Martin, qu'on finira par oublier tout à fait, si je ne crie pas un peu! Et je l'aime, lui, comme je vous aime, autant, et peut-être davantage! hum!... Et pourquoi pas? Depuis plus longtemps, en tout cas!... Et vous n'étiez pas née, que je l'aimais déjà! et il a plus besoin d'être aimé que vous, lui, maintenant... Oh! il ne faudrait pas être jalouse!... la jalousie, ça fait trop de mal!... Tenez, faut-il vous dire toute mon idée?...

SMILIS.

Oui, oui... Martin! Dis-moi toute ta pensée...

MARTIN.

Vous ne me bouderez pas?

SMILIS.

Parle, Martin, je t'en supplie!...

MARTIN.

Eh bien, il doit être jaloux!... Eh oui! il est jaloux! puisque je le suis, moi!... Je l'étais tellement à Toulon, que le service de Chine, où l'on servait le café à monsieur l'aide de camp, est tout dépareillé!... Ce jeune homme me faisait trembler les mains. La jalousie, ça ne vaut rien pour la porcelaine!... Il ne faut pas nous en vouloir!... Ça n'est pas le plaisir qu'un autre peut vous faire qui nous fait de la peine... mais c'est l'idée que nous ne pouvons pas, à nous deux, vous faire le même plaisir!... Est-ce que vous me boudez?...

SMILIS, avec fermeté.

Non, Martin, non, au contraire, je te remercie!

MARTIN.

Après ça, si je vous avais fait de la peine, vous savez, ça serait par bêtise... Tiens! j'entends la voiture... ça n'est pourtant pas l'heure où il arrive de la Préfecture... Le canon du port n'a pas encore tiré. — C'est lui!... c'est l'amiral... Souriez donc, pour le voir sourire!

Il sort.

SCÈNE II

L'AMIRAL, SMILIS.

L'AMIRAL, petite tenue.

Comment vas-tu ce soir, ma chère enfant ?

SMILIS.

Bien, mon ami, mais vous ?

L'AMIRAL.

Quand reverrai-je un peu de rose sur cette joue, ton frais sourire d'autrefois ?...

SMILIS.

Je souris, voyez.

L'AMIRAL.

Mais d'un air si triste ! et ta lèvre est pâle...

SMILIS.

Non, je vais mieux, mais vous, mon ami ? Martin m'a fait de la peine. Il s'inquiète toujours davantage de votre santé.

L'AMIRAL.

Moi ?... Eh ! mon Dieu !... les soldats vivent bien portants avec d'anciennes blessures, — puis, un jour, l'ancienne blessure se rouvre... Oh ! ne t'effraie pas ! la vieillesse n'est pas une si bonne chose.... J'ai vu Reynal, ce matin, tu sais, le grand chef, l'amiral de la médecine...

SMILIS.

Eh bien ?...

L'AMIRAL.

Eh bien ! il prétend que je dois renoncer à mes travaux comme d'autres au tabac ; c'est un peu dur !

SMILIS.

Il faut le faire !

L'AMIRAL.

Voyons, ma chérie, admets-tu qu'on déserte son poste? Un savant a son courage à lui, son honneur, ses périls, comme un soldat!

SMILIS, près de pleurer.

Le bon soldat a droit au repos.

L'AMIRAL, la prenant sur ses genoux.

Nous n'allons pas pleurer, j'espère! Tu n'es plus une enfant, voyons!... Tu te rappelles, sur nos grands navires, comme nous n'avions pas peur... toi non plus, n'est-ce pas? ni du vent, ni de l'eau, ni du ciel, de rien!... Eh bien! la mort, tranquillement chez soi, entouré de ce qu'on aime, c'est encore plus simple, c'est encore moins effrayant!... Je te dis ce qu'il faut que je te dise!

SMILIS.

Oh! ne parlez plus de cela!

L'AMIRAL.

Et je ne veux pas de chagrin, entends-tu? quand tu es gaie, je le suis bientôt... Que tu sois heureuse, je ne veux pas autre chose, en vérité, pas autre chose!... Et quand je serais là sous la terre, entends-tu bien? quand même je serais mort, toutes les fois que tu serais contente, tu pourrais dire : « Il me voit gaie, il est heureux!... » Rappelle-toi!... Je t'ai dit cela déjà; ne l'oublie jamais!...

SMILIS.

Oh! ne dites plus de ces choses!...

L'AMIRAL, se levant, avec gaîté.

Tu as raison! Ta santé, ton bonheur, m'aideront à guérir... Ces médecins, voyons, est-ce qu'ils savent au juste?... Beaucoup sont bien vivants qu'ils avaient condamnés. Sois tranquille!... Je compte bien vivre.

SMILIS, tendrement.

Longtemps ! oh ! bien longtemps !

Elle s'appuie à son épaule.

L'AMIRAL.

Chère adorée ! — Tu ne sais pas? Il faut aller te faire belle... Richard va venir!... Tu ne réponds rien? D'ordinaire, l'arrivée de notre ami te fait plus de joie... Parle donc !

SMILIS.

Vous souffrez!... Je ne puis pas avoir de joie!

L'AMIRAL.

Tu m'aimes donc toujours bien?

SMILIS.

Toujours!... toujours!...

L'AMIRAL.

Quand tu me le dis, je ne souffre plus ! (A part). J'oublie ! (Se dégageant d'elle.) Allons!... allons!... ces émotions te fatiguent... moi aussi. Va te faire belle : une femme doit être un peu coquette; va!...

Elle entre dans la maison. Demeuré seul, l'amiral, comme pris d'une faiblesse, se laisse tomber dans un fauteuil.

SCÈNE III

L'AMIRAL, MARTIN.

MARTIN.

Amiral, voici le commandant Richard. (Avec inquiétude.) Amiral!...

L'AMIRAL, se levant.

Ce n'est rien!...

Martin sort.

SCÈNE IV

L'AMIRAL, RICHARD.

L'AMIRAL.

Ah! te voilà, beau commandant!

RICHARD.

Oui, je viens, de quitter mon bateau. J'ai sauté du canot en voiture. J'ai à te parler, Kerguen.

L'AMIRAL.

J'ai donc à t'écouter, Richard.

RICHARD.

Tu me rendras cette justice que j'avais prévu ce qui arrive, que je t'avais averti, et que, si les choses en sont là, ce n'est pas ma faute!

L'AMIRAL.

Tu es un sage! De quoi est-il question?

RICHARD.

Georges aime Smilis!

L'AMIRAL.

Ah! bah!

RICHARD.

Mais il l'aime passionnément!

L'AMIRAL.

Comme on doit aimer...

RICHARD.

A ce point qu'il ne veut plus la voir!

L'AMIRAL.

J'y comptais bien!

RICHARD.

Et qu'il m'a chargé de lui obtenir une permutation avec n'importe qui... Il veut aller au Sénégal, en pleine fièvre jaune !.. Enfin, il faut ton consentement, et tu vas donner, ici, ta signature. (Il lui remet une lettre ouverte.) C'est sa demande au ministre.

L'AMIRAL, rejetant sur la table la lettre qu'il a parcourue.

Rassure-toi, Richard, il ne partira pas...

RICHARD.

De mieux en mieux ! Pourquoi cela ?

L'AMIRAL.

Mais, est-ce qu'elle l'aime, — elle?... (Avec dureté.) Et si elle ne l'aime pas, que m'importe! (Mouvement de Richard.) Crois-tu m'apprendre les sentiments de Georges? Il me les a lui-même virilement avoués! Et c'est alors que j'ai emmené ici ma pauvre enfant... Je les ai séparés... Eh bien, elle a pour lui beaucoup d'amitié, elle le regrette certainement un peu, elle est souvent triste, parce qu'en vérité notre vie est trop solitaire. Elle s'ennuie peut-être !... Mais rien ne me dit qu'elle aime Georges. Pourquoi donc le faire partir?

RICHARD.

L'éloignement est le grand remède. Je veux qu'il parte : il souffrira moins.

L'AMIRAL, amèrement.

Tu as souffert quinze ans aux colonies. Pourquoi y restais-tu?

RICHARD, surpris.

C'était très différent! Mon métier de marin...

L'AMIRAL.

Eh bien, qu'il reste et qu'il souffre ! C'est son métier d'homme.

RICHARD.

J'exige, entends-tu, le départ de Georges.

L'AMIRAL.

Et moi, commandant, jusqu'à nouvel ordre, je vous le refuse!

RICHARD, irrité.

En vérité!... Peux-tu m'expliquer ta conduite?

L'AMIRAL, après réflexion.

Je crois, en effet, le moment venu, puisque tu veux absolument qu'il parte!... Écoute ceci, Richard : il y a longtemps que je me suis dit à moi-même ce que tu me répétais l'autre jour encore : le cœur de l'enfant reste libre; elle aimera!... Et je n'ai pas éloigné ton neveu! (Mouvement de Richard.) Ai-je souhaité qu'il l'aime et qu'elle l'aime? je ne peux pas le dire... par moments peut-être... je n'en sais rien! — J'ai souhaité sûrement que, si elle venait à aimer, — ce fût lui!...

RICHARD.

Kerguen!

L'AMIRAL.

Et si enfin elle l'aime, — et voilà ce qui me reste à savoir, — alors, n'ayant plus rien à craindre, plus rien à espérer... (Avec effort.) oui, je serai heureux!

RICHARD.

Heureux! — Deviens-tu fou? — Comment et pourquoi?

L'AMIRAL.

Parce qu'elle a droit à la liberté, à l'amour, au bonheur, et que je l'aime assez pour vouloir les lui rendre : je les lui ai volés! Parce que, maintenant, je les lui dois deux fois : comme père, et comme larron! Parce que toutes les pensées terribles qui criaient en moi, souviens-t'en, — la nuit de mes noces, — sont devenues les compagnes muettes mais inséparables... de ma vie, et s'appellent des remords! Parce que, depuis ce moment, Richard, je n'ai plus osé regarder droit au fond de tes yeux où l'amitié voile le reproche!... Parce qu'enfin j'ai été père indigne, — et que j'ai besoin de ma dignité!...

RICHARD.

Non, je ne peux pas croire...

L'AMIRAL.

La nuit où je t'ai dit mon malheur irréparable, ne m'avais-tu pas conseillé la volonté?

RICHARD.

Pas celle-là!

L'AMIRAL.

La plus forte, je pense, — la plus bienfaisante!

RICHARD.

Je ne vois pas le bienfait!

L'AMIRAL.

Peux-tu donc penser que je les ai conduits jusque-là comme au bord d'un abîme, pour les précipiter?... Et toi qui as su voir où allaient ces jeunes gens, tu ne vois donc pas où je vais?

RICHARD, après l'avoir examiné, commençant un cri.

A...

L'AMIRAL.

Tais-toi, malheureux! Songe donc! si on me soupçonnait...! Je ne pourrais donc plus ni vivre ni mourir! — L'œuvre est commencée; il faut qu'elle serve.

RICHARD.

Ainsi, tu t'es condamné et frappé d'avance!

L'AMIRAL.

L'amour et la mort étaient inévitables. J'ai préparé tout le monde à l'idée de ma fin...

RICHARD.

La chimie?... les laboratoires?...

L'AMIRAL.

Des armes chargées, toujours sous ma main !

RICHARD.

Et tu as compté sur moi !

L'AMIRAL.

Sur qui donc compterais-je?... Tu comprends, à présent? S'il est aimé.... Comment ne te l'a-t-il pas dit? Voyons, tu ne sais rien ?

RICHARD, brusque.

Je ne sais rien !

L'AMIRAL.

Oh ! ne crains plus ma jalousie ! J'en suis le maître. C'est le renard du Spartiate. Elle mord.... mais je la tiens ! — Dis-moi... Smilis ?... L'aime-t-elle?

RICHARD, amèrement.

Il fallait le lui demander !

L'AMIRAL.

J'y ai pensé ! (Avec une sorte de honte.) Mais le cœur est faible : je préférais espérer ! Ah ! qu'elle l'aime ! Je n'attends plus que cela !... La voici, Richard... il faut que je sache ! C'est elle qui va prononcer.

RICHARD.

Et moi je vais lui dire... Oui, c'est là le moyen !... Je vais te dévoiler.

L'AMIRAL, regardant Smilis qui descend le perron.

A elle ? — Essaie !

SCÈNE V

LES MÊMES, SMILIS.

L'AMIRAL.

Ma chère enfant, le commandant voudrait te parler... (Un court silence: l'amiral sourit.) Mais il craint de te faire du chagrin.. C'est donc moi qui dirai sa mauvaise nouvelle : notre ami Georges veut nous quitter... Il part demain.

SMILIS, à Richard.

Ah! M. Georges... part ?

RICHARD.

Oui.

SMILIS.

Va-t-il... loin ?

RICHARD.

Au Sénégal...

L'AMIRAL.

Sous un climat meurtrier.

SMILIS.

Oh! mon Dieu!

L'AMIRAL.

C'est deux ans d'absence... (Un silence. Tout à coup, avec un sanglot étouffé, elle cache sa tête dans les bras de l'amiral.) Ne pleure pas! ne pleure pas! tes pleurs me tuent! (A part.) Cela fait plus de mal que je croyais! (Haut.) Console-toi : il ne partira pas. J'empêcherai qu'il parte. Et sais-tu pourquoi, ma chérie?... Je suis si malade!... Je vais te manquer d'un instant à l'autre! Et je veux que ceux que tu aimes soient là, tout près de toi, quand je n'y serai plus, — bientôt!

RICHARD.

Il partira, pourtant! C'est son devoir!

SMILIS, relevant la tête.

Son devoir!... (A l'amiral.) Ah! oui!... pardonnez-moi! Dans le premier moment, la surprise, c'est vrai... Mais, au contraire, il faut qu'il parte, il doit partir, il a raison! (Avec fermeté.) Et je vous le demande aussi!

Elle s'éloigne précipitamment pour cacher l'émotion de l'aveu. L'amiral jette un long regard dans la maison où elle est entrée, puis revient lentement vers Richard, qui l'attend, les bras croisés. L'amiral lui présente un pli cacheté que Richard accepte d'abord sans comprendre.

SCÈNE VI

L'AMIRAL, RICHARD.

L'AMIRAL.

Voici mon testament, — les instructions dernières... les suprêmes précautions. (Avec autorité:) Ordre secret. (Richard met le pli dans sa poche.) A décacheter au large.

RICHARD, qui a hésité, revenant à lui-même.

Non!... il y a de mauvais dévouements! je rendrai le tien inutile! J'interdirai à Georges d'être heureux à ce prix!

L'AMIRAL, violemment.

Qui t'a parlé de Georges? Et quel est ce mot : dévouement? C'est pour moi aussi que je meurs!

RICHARD.

Toi! toi! Est-il possible!... Un mari qui se sacrifie!

L'AMIRAL, vivement.

...Un père qui marie sa fille, et qui n'a, — par sa faute! — qu'un moyen de la marier!

RICHARD.

Devant Dieu, — je ne serai pas ton complice!

L'AMIRAL.

Mais elle l'aime, Richard, elle se meurt, entends-tu? elle se meurt de tristesse! C'est ma vie qui la tue; je meurs pour qu'elle vive! Ce n'est pas un suicide : — c'est une mort qui sauve; — c'est un rachat!

RICHARD.

Un soldat ne se tue pas!

L'AMIRAL.

Ne se fait-il pas sauter, quand il a jugé sa mort nécessaire?

RICHARD, avec désespoir.

Ah! mon Dieu! mon Dieu!

L'AMIRAL.

Voyons, Richard! ton métier de marin n'est-il pas de mourir, seul à ton bord, pour sauver le dernier de tes hommes?... Regarde tes insignes, regarde les miens. En les prenant ce matin, je pensais à ce jour, — tu étais mon second, — où nous jugeâmes le bateau perdu... Désemparé, ne gouvernant plus, il allait à la côte, sur des falaises droites, invinciblement. Nous dîmes : « Il y en a pour une heure. » Alors, suivant notre vieille tradition, l'état-major descendit prendre la grande tenue, l'habit, l'épée, le costume de bal et de fête, — pour recevoir la mort, lui faire honneur, montrer aux hommes qu'on ne la craint pas, qu'on sait lui sourire. Dix officiers périrent. — Je pensais à cela tout à l'heure en regardant ma manche étoilée!... (D'un ton ferme et simple.) Richard, on va mourir ici... Embrasse-moi! — Adieu, mon vieux camarade!

RICHARD, tombant dans les bras de l'amiral.

Ah! mon vieil ami! (Se dégageant.) Mais non, non, c'est impossible! (L'amiral porte sa bague à ses levres. — Richard apercevant le geste de l'amiral.) Qu'as-tu fait?

L'AMIRAL, lui montrant son anneau.

C'est fini. Vois.

RICHARD.

Ah!

L'AMIRAL, d'une voix très basse.

Oui, tout est là : la faute, — et l'expiation!...

RICHARD, appelant.

Martin!...

L'AMIRAL.

A la mer, mon secret, à la mer! Là, là, elle est profonde!

RICHARD, appelant.

Martin!...

L'AMIRAL, il va au fond, et, tendant le bras par-dessus la balustrade, il laisse tomber son anneau à la mer.

(Il revient.) Richard, à moi! Ta main! — (Immobile et debout, quoique chancelant, la main dans la main de Richard.) Le bateau coule!...(S'appuyant sur Richard.) J'ai consacré ma vie à mon pays, Richard... Je peux bien faire cela pour mon enfant! (Il s'assied épuisé.) Mon secret,... son bonheur,... je te l'ai confié. Tu y veilleras! (Richard fait signe que oui. — Martin entre.) Il faut nous quitter, mon pauvre Martin!

SCÈNE VII

LES MÊMES, MARTIN, puis SMILIS.

MARTIN.

Que me dit-il là?... Ah! mon Dieu, c'est vrai!... Comme ça? tout de suite? Ça n'est pas possible! C'est moi le vieux : mon tour est avant!

L'AMIRAL.

Est-ce que tu vas pleurer, à présent, imbécile? — Richard m'a dit adieu : embrasse-moi aussi. (Martin s'agenouille et l'embrasse. L'amiral, le repoussant avec fermeté.) Et ne m'attendris pas!... (S'inclinant vers lui et désignant Richard.) Voici mon second; je lui ai remis le commandement: il te dira ce que tu auras à faire... (Mouvement de Martin.) Plus un mot!

MARTIN, se relevant, ferme, du ton de la subordination.

Oui, amiral!

On entend un coup de canon.

L'AMIRAL, se levant avec effort.

Salut pour les couleurs!... C'est la dernière fois! (A Richard.) Tu les verras demain, sur la rade, au soleil, au bruit du canon, dans la fumée, — tous les pavillons en berne!... C'est le deuil-amiral. Saluez!... Je ne la verrai plus!... (Souriant avec un pressentiment.) La voici! Dieu est bon!... (Richard et Martin veulent le soutenir. Il les repousse et marche, les bras tendus vers Smilis qui descend le perron.) Smilis!..

Il tombe mort.

SMILIS, se précipitant vers lui.

Mon père! Oh! oh! mon père!

FIN

Imprimerie générale de Châtillon-sur-Seine. — A. Pichat.

www.ingramcontent.com/pod-product-compliance
Ingram Content Group UK Ltd.
Pitfield, Milton Keynes, MK11 3LW, UK
UKHW020932180726
13838UKWH00002B/907

9 782329 280561